兩個人生：在家與出家。
兩個世界：佛教與藝術。
於她，相契相容，無有邊界

▲ 寬謙法師攝於水御堂。

在家，愛與佛法澆灌我成長

◀ 1955 家父塑造佛像，
我正在家母腹中。

▲ 1961 我（中）與二姊及哥哥在大佛前。

▲ 1960年代與法源講寺
結緣，攝於華藏寶塔。

▲ 1976 我（後排左三）與全家合影。

▲ 1982 我與祖父母及家父。

▶ 外婆揹的小女孩，
後來出家了。

▲ 1959 左起我、家母、
妹妹、大姊（坐者）、
二姊（站者）、哥哥。

▲ 1966 香蘭表姊（後左一）與我們全家人合影，右二為我。

父親，楊英風創作的佛法觀

▲ 1970 家父作品〈鳳凰來儀〉。

▲ 1960 家父雕雲岡佛像。

◀ 1985 家父為大雄精舍於大安森林公園塑造〈祈安菩薩〉，後來引起「觀音不要走」事件。

▲ 1963 歡送家父去義大利留學。

▲ 1963 家父為法源講寺塑造〈釋迦牟尼佛跏趺坐像與菩薩、飛天背景〉。

▲ 1950 年代家父在《豐年》雜誌期間所繪製的封面。

▲ 1995 家父作品〈正氣〉。

▲ 2020〈善財禮觀音〉。

▲ 1996 李登輝總統親臨交大百年校慶並主持〈緣慧潤生〉揭幕典禮。

出家，傳承法脈

◀ 因為家父為法源講寺造的佛像，1986 我剃度於覺心長老座下。

▲ 師公斌宗法師法像。

▲ 永修精舍勝光（慈心）長老尼與三位小朋友合影。

▲ 師父覺心法師法像。

▲ 1998 與印順導師及真華長老合照於法源講寺。

▲ 我捧著家父所塑印順導師像。

▶ 與弟子們合影。

弘法，音聲視覺開啟佛法

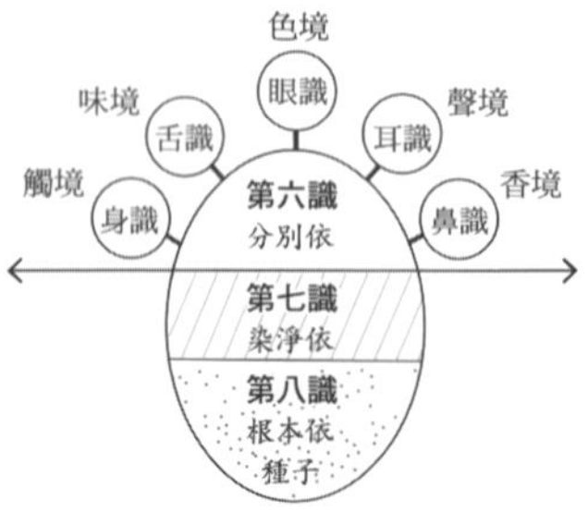

▲ 八識圖表。

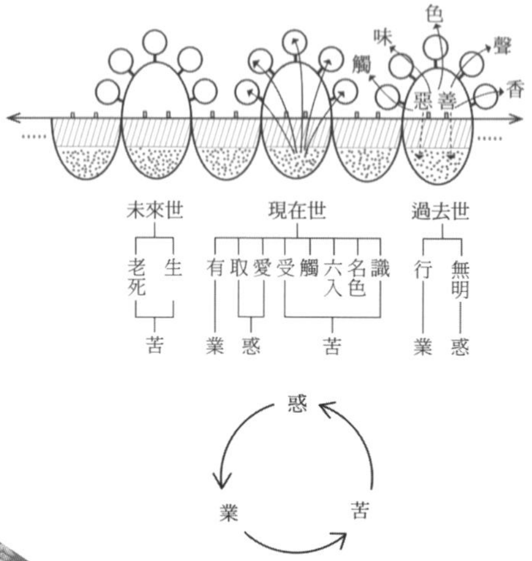

▲ 十二因緣法圖表。

▲ 各式出版品推廣佛藝、傳播佛法。

▲ 播經機——一機在手，行遍天下。

▲《覺風三十》年鑑。

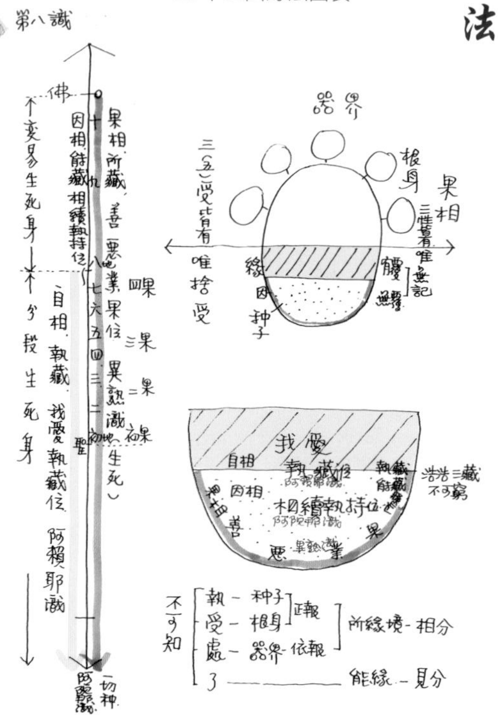

▲ 我的圖解式講經法。

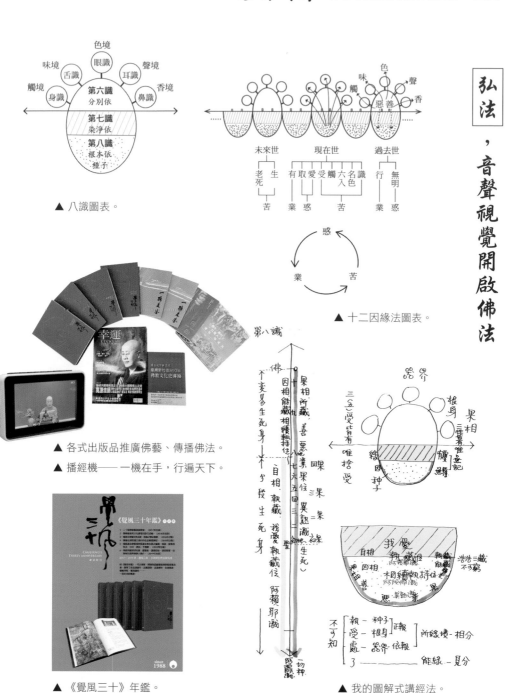

▲ 2008 於德國布萊梅弘法。

▲ 2007 於美國同淨蘭若弘法，左起仁俊長老、圓波、果慶法師。

▲ 2017 溫哥華居士熱情接機。

▲ 2017 於美國休士頓玉佛寺講課後合影。

▲ 2020 於松山慈濟辦事處講課。

▲ 2016覺風學院中觀課程結束大合照。

建築，啟發修行心

▼ 我與家父及朱景弘建築師於1992年設計、1997年落成的臺北市慧日講堂。

▲ 安藤大師設計的覺風學院大殿透視圖及剖面。

▶ 2017 詹文魁藝術家創作的〈弘法地藏〉，放置覺風學院園區。

▲ 1998 覺風與慧炬合辦「國際佛教建築與發展學術研討會」暨模型展於慧日講堂。

▲ 我與家父及朱景弘建築師 1987 年設計、1991 年落成的福嚴佛學院。

▲ 2002 我設計法源禪林。

▲ 覺風學院園區放置家父的作品〈梅花鹿〉，以及家兄的作品〈混沌初開〉。

▲ 2006佛教建築研討會「佛教建築的時代意義一傳統與創新」。

▲ 2011 覺風園區與安藤大師簽約。

佛藝，引領、培育未來力

佛教藝術有多重面向，無論動態、靜態課程及旅行皆宜，更可讓大眾親近佛教。

▲ 敦煌舞班。

▲ 清玄法師導覽永修精舍訪敦煌石窟。

▲ 永修覺風書院兒童營太鼓課。

▲ 2014 舉辦印度佛教石窟之旅。

▲ 2016 於北投覺風學院舉行拾得法師書畫陶印展覽會。

▼ 2015 於台北藝術大學舉行亞洲佛教藝術研習營。

▲ 永修覺風書院古琴班。

▲ 永修覺風書院烹飪班。

▶ 2014 印度佛藝旅行，在拘尸那羅合影。

關懷，無國界的愛心，照顧長者與小孩

我佛慈悲，彼此尊重、包容、平等、愛護，以微薄人力，付出一份心力。

◀ 2015 我於新加坡大悲中心與假日兒童班講故事結緣。

◀ 2019 關懷據點陪同長者製作手工藝。

◀ 2018 舉辦兒童藝術營。

▲ 2000新竹法源別苑舉辦兒童佛教藝術營。

▲ 2019 成立關懷據點與長者共餐。

▲ 2017 於永修精舍，護持ACC非洲阿彌陀佛關懷中心小朋友表演，提供食宿。

▲ 2013 我（右）與慧禮法師合作為ACC募款，舉辦餐會。

▲ 持續行走於佛藝之路。

無悔前行

CONTENTS

推薦序

行走在佛藝之路的寬謙法師

宏印法師

臺灣戰後的佛教，開展呈現出一片多元的繁榮景象，筆者忝列僧倫五十餘載，親歷見聞了這些演變。現今的臺灣佛教，道場林立，僧眾甚多，佛教創辦了數所大學，開設醫院遍及全島，處處講經弘法，電視佈教，真是今非昔比，盛況可觀，這些卓效的成就，當然有眾多因緣與條件，我所觀察前輩的開拓於弘法、教育、文化、慈善等努力奠基下，後繼者新生代「人才輩出」，更是重要的推動力。這股僧俗兩眾的傑出人才，當中更需肯定的是比丘尼、優婆夷的貢獻巨大，女眾撐起的，何止半邊天。

這批新秀人才，大都學歷高，為教熱忱，勤於攝眾，允文允武，德範甚佳。筆者熟識的寬謙法師，尤是女眾傑出的佼佼者。法師人如其名，為人謙和寬宏，雖隨緣而能積極弘法，多年來足跡遍及海內外，法緣殊勝。法師剃度於臺灣高僧斌宗大師法源講寺，實能光大門庭，雖忍退讓賢，其胸懷度量，令人敬佩！

但法師似乎仍然不受太大的影響，她的弘法足跡，除了原來的法源講寺、法源別苑、法源禪林，爾後的新竹永修精舍、北投覺風學院以外，遍佈全台——台北慧日講堂、桃園佛教蓮社、中壢力果講堂、田中鼓山寺、嘉義彌陀寺、台南竹溪禪寺、高雄宏法寺等，並任教於玄奘大學、華梵大學、福嚴佛學院、圓光佛學院、弘誓學院、台中假日佛學院等。

還跨足於海外的中國、香港、新加坡、印尼、日本、美國、加拿大、紐西蘭、澳洲、德國、瑞士等地，所弘講的內容皆以印順導師的著作為主，並繪製弘法圖像，追本溯源，圖說法義，作出有組織、有系統的弘化，亦是法師獨具的特質。另外法師帶領印度佛教朝聖與石窟、中國四大名山、絲路、敦煌、山東青州、韓國、日本、吳哥窟、斯里蘭卡等聖地的行腳，緊密結合覺風學院特有的佛教藝術專題課程，並實踐「讀萬卷書，行萬里路」的氣魄。

寬謙法師近二十年的電視弘法，出版了約四十套DVD、建立全球網站電視臺、發行播經機等，都成為無遠弗屆的弘法利器。並且出版刊物與佛教藝術專業書籍，更是兩岸學界不可或缺的珍貴資料。

於此，更應理解寬謙法師出身書香門第，其尊翁楊英風教授，為臺灣藝術界的典範大師，成就飲譽國際。法師自幼深受薰陶，出家後，立志於臺灣佛教藝術的澱積工作，成立北投覺風佛教藝術教育園區，長久以來，辛勞耕耘，受到社會各界的肯定及讚賞。

有關佛教藝術此一區塊，由於寬謙法師的投入，算是彌補臺灣佛教界此一缺憾，這點最讓筆者推崇讚歎。順此因緣，我要呼籲各界，大家支持法師，早日能完成覺風佛教藝術教育園區的築夢。

寬謙法師致電給我，談及我們都深受印順導師思想啟迪，並熱心弘揚印老思想，算是宗風相近，她要出版《無悔前行：佛教藝術澱積者釋寬謙口述史》，徵序於予，辭難獲允，僅略述綴言，並就正方家，是為序！

於蘭潭海印精舍

一〇九年十月十日

推薦序

佛教藝術澱積者

臺北藝術大學名譽教授／林保堯

一九八〇年代是臺灣各類社會運動的蓬勃興盛期，亦是佛教各家教團運動的胎動啟蒙期，有志的教團透過組織的擴大，逐步走入社會福祉、醫療、教育、文化、宣教，甚而其後的報類、新聞、電臺、影視、電視媒體的各類版圖事業。然而，獨不見佛教文化千年傳承的重要中流砥柱——佛教藝術的板塊運動。

確實的，因於一九八〇年代的經濟起飛，造就了國內過往從未見的文藝復興運動開啟，君不見「雲門舞集」當年唐山過臺灣《渡海》巡演盛況嗎？時下觸動多少年少、年青、年老的人們摩肩擦踵前往觀賞的一幕一幕人山人海嗎？

想不到，戰後三十餘年來，竟於國內首見國立歷史博物館於一九八三年二月十三日開啟三個月展期的「南北朝隋唐石雕藝術展」，更甚的，該館翌年（一九八四）亦開啟展出海外收藏家陳哲敬藏品「中國古佛雕特展」，展期長達四年；接著，國立故宮博物院於一九八七年十月開啟日本新田集藏珍品的「金銅佛造像特展」，展期長達一年。於此，終打開國人美的新視界，頃知人類綿延數千年藝術文明的長河中，綻放著我們尚未熟知的「佛教藝術」臻品，有著獨特的生命魅力與其美學價值。然而，誰又承繼且下田粒粒耕耘！

之後，展期結束一年餘，人們仍沉湎於千年造像之美的心境中，不知往何處欲尋再探之際，寬謙法師以覺風佛教藝術文化基金會，於一九八九年十月推出民間首部《中國古佛雕——哲敬堂珍藏選輯》的煌煌大型圖錄，震驚了藝文界，滿足了有心者念念的心中欲求，真不易也！當世人疑惑此部大圖錄時，始知寬謙是楊英風世家出身者，就了然釋疑。這是「知佛更知藝者」，始能為之，如願行之。

佛教藝術之鑰，厥在代代人才，代代學子接棒，以不自量的微小之身，竟於三十年前的當下，即一九九〇年二月八日至十一日首創全國的「大專佛教藝術研習營」。此務實培養後勁的實踐力行意志，著實感動內外有心人士，旋而地連續舉辦七屆，至一九九六年暫停。之後，致力於佛教美術經典專書等的出版與專講，以及三次專題性國際學術研討會；累積十年經驗後，於二〇〇七年與國科會、中研院史語所再開更大視野的「亞洲佛教藝術研習營」，舉辦持續至今，至二〇一九年已達二十二屆盛會，惜因今年（二〇二〇）疫情之因停辦，然明年矢志續辦。此之於後勁學子的長期之功，實無人比擬。

佛教之最在於智慧與修行，佛教藝術之功在於實踐與力行，此甚少有人俱之，至今所知，僅為寬謙法師深具備有。因識讀建築專業背景，再加師承家父楊英風特有的建築、景觀等殊緣背景與實作知識，寫下一件件相關作品。

誠如行政院文化獎李乾朗教授之言：「大家尊敬的寬謙法師，出家以來不斷地關懷佛寺作品，曾經親自參與新竹福嚴佛學院與台北慧日講堂，花蓮聖覺學苑等佛教建築的設計與規劃。就讀於國立成功大學建築研究所的論文，即是《傳統與現代的對話：臺灣戰後新竹地區佛寺建築風格之初探》，先從熟悉的新竹寺院做起，逐漸擴及全台，並主辦過一九九八年與二〇〇六年兩屆的『佛教建築學術研討會』，集合佛教界、建築界及業界專家們，共同討論佛寺建築議題。不但如此，還主辦多次國內外佛教建築藝術之旅，加上十多年來世界各國弘法經驗，因此對臺灣及海內外的佛寺建築有獨到的賞析與評論。」

佛寺建築如此實踐製作，佛教藝術的雙腳力行踏查，亦不需言，更勝於此，只要翻讀《覺風三十（2）：佛教藝術課程與巡禮》一書，滿滿三十年的行腳記實，確是出家僧人與眾生們罕見的一起行腳共修典範，誠如寬謙法師所言：「基金會能夠延續推廣佛教藝術的特色，配合巡禮之旅，加深世人對佛教藝術的認識，使佛教藝術不僅在學佛之人，更可以成為臺灣社會的文化底蘊。」由此，即知法師孜孜不倦著力的「藝理共榮．千古一會」初衷，與眾生們共修「佛與藝」的不出世大行大願之境。

寬謙法師出家三十年餘，講經、宣教、弘法、教育，甚而佛學研究等相關論註、著書，綿綿冊冊，加之，心志勵行，教團內外，久遠知之。之外，誠如明復法師所言：「佛教是最依仗藝術的宗教。」這一重要中流砥柱的——佛教藝術板塊運動——啟動者、澱積者，著實言，寬謙法師當之無愧。於今，敬而述之。

寫於二〇二〇年九月二十日

推薦序

傳播佛法與藝術的引領人

《楊英風全集》總主編、臺灣美術史研究者／**蕭瓊瑞**

作為知名藝術家的女兒，楊漢珩大學選擇進入建築系，以承繼父親楊英風的志業；父親楊英風是日治時期少數考入東京美術學校建築科的臺灣人。因此，當父親受邀為新竹法源講寺創作許多藝術設置，漢珩都以建築的專業多所參與，包括以法堂三樓的〈毗盧遮那佛〉及庭院中的〈三摩塔〉雕塑等，成為父親事業的得力助手。

一九八三年年中，漢珩祖母過世，家中正處於氛圍低迷的時刻，漢珩首次向父親提出出家的意願，但家人並不能接受；經歷兩年多時間，她一方面將未了的人間俗務做一結束，二方面也給家人一些緩衝的時間。

到了一九八六年的農曆除夕夜前，漢珩決定在新春法會中剃度出家，父親在佛緣與親情間，無法阻擋女兒和佛教的因緣，何況出家也曾是他的心願，因此只淡淡地說：「妳除夕就過去，這個年我們怎麼過啊？」

漢珩於是在家陪伴父親過年。過完元宵，正式在法源講寺依止覺心和尚披剃出家，法號寬謙，在寺中同儕出家師父中排名第八，人稱「八師父」。

三十多年的日子過去，寬謙法師也經歷了諸多人間情緣的考驗，拜別法源講寺，另於永修精舍及北投覺風佛教藝術教育園區說法，更行雲海外，弘揚佛法。

佛是眾生，一念悟時；
眾生是佛，故知萬法盡在自心；
何不從自心中頓見真如本性。

（《六祖壇經》）

這段期間，她承繼父志，在父親藝術創作的基礎下，結合佛法及藝術，完成三十冊《楊英風全集》的艱鉅工程，將父親一生的心血，凝成永恆的文化資產；並透過眾善知識的協力，分送海內外教育機構，成為下一代持續前進的根基。

原來藝術和佛法、佛緣和親情……，人間一切善念，並不衝突，「佛」字更替為「藝術」，理念仍然貫通：

藝術是眾生，一念悟時；
眾生是藝術，故知萬法盡在自心；
何不從自心中頓見真如本性。

西方中古時代即將結束的時刻，基督教內部也曾產生「藝術」與「宗教」之間是否衝突的辯論；最後主張容納「藝術」的一派獲得勝利，並下開之後文藝復興的歷史新局。他們的主要理論基礎即在：「人是軟弱的，人要透過藝術，理解並接近上帝的偉大。」

寬謙法師在宗教修持的大道上，結合「藝術」與「佛法」，成為臺灣佛教藝術最具代表性的澱積者。在《楊英風全集》之外，更創辦「覺風佛教藝術文化基金會」，多年來推動國際佛教建築學術研討會、出版專書，並舉辦佛教藝術朝聖之旅，帶領眾人透過藝術，進入佛陀的世界；更邀請日本知名建築師安藤忠雄設計，計劃在北投興建一座具有原始佛教建築特色的佛教藝術學院。

「覺風」的「覺」是「覺心」師父、「風」是「英風」生父，作為佛陀最忠實、努力的弟子，也是人間佛教思想的師父及生身父親最疼愛的女兒。

佛緣與親情並不衝突，藝術與宗教實為一體；寬謙法師乃大步行走在佛教與藝術的大道上，持續引領眾生。

自序

在福蔭的大傘下——怡然行走菩薩道

釋寬謙

這一本口述歷史，採訪寫作歷時十四年，從新竹法源講寺、永修精舍到北投覺風佛教藝術學院。感謝二〇〇六年由侯坤宏、卓遵宏二位教授國史館專案而開始；二〇一五年北投覺風學院的讀書會中，有三位社子國小退休老師加入——月現、美賢與錦美，從而協助我及覺風學院許多文字工作的整理。二〇一七、二〇一八年侯坤宏與林桶法教授繼續訪談，二〇二〇年終於完成出版。於我而言，這是出家前後的回顧與紀錄，是心路的點點滴滴，是弘法道上的斑斑跡痕……

我發現，我一直處於福蔭的大傘下，在飄搖中避過風雨侵襲，在烈日下獲得陣陣清涼，才能無怨無悔的前進，將理想付諸行動，將願望化為現實。

家父楊英風——是第一把福蔭我的大傘

家父畢生的創作豐富，文獻資料幾經遷徙多少有遺失，但留存的依然汗牛充棟，二〇〇〇年交通大學「楊英風藝術研究中心」之成立，足見家父在近代臺灣美術史上的重要意義。

家父從不被現實所打倒，不被失敗所屈服，一直以非常正面的眼光看待一切。他給我最大的影響，就是無論在哪種艱困的環境中，始終保持一顆樂觀進取的心，轉化為正面的力量，加上他對佛法的體認，實踐在生活與創作，無疑是對我作最貼切、最貼近的說法。因此，我選擇了存有家父作品的法源講寺出家，日後陸續在新竹永修精舍、北投覺風園區，也以家父創作的佛菩薩尊像，莊嚴道場，以法界哲思圖像，化導無數信眾，讓可長可久、深具生命力的佛法與藝術更貼近眾生。

我樂於將家父的福蔭，福蔭無數的眾生。

印順導師——是第二把福蔭我的大傘

印順導師於我具有法乳深恩。先是讀「妙雲集」而認識導師，又因建築之緣親近導師。導師的著作讓我十分契機，為我開展佛法的豐富與浩瀚；明白如果是根據導師的著作，我願意這輩子，甚至生生世世都發願浸淫在法海當中，因為有導師的著作而安身立命，深自慶幸在學佛道上，沒走冤枉路，也沒有繞遠路。

當年透過禁足閱讀「妙雲集」，讀得心花怒放，療癒了許多困頓挫折；疏通了蹇塞阻隔，把低潮時光轉為法喜充滿。此後發心，以弘揚導師的著作為主軸。導師的思想，無疑地成就我與海內外居士的諸多法緣。

> 我欣於將導師的福蔭，福蔭更多的眾生。

師友善士——是第三把福蔭我的大傘

生活講座、藝術展覽、臨終關懷、覺風學院與書院等多元課程，則是提供活到老學到老的場所，也是引入佛教修行的方便之道。佛法在世間，不離世間覺，社會文化活水的流動，也是出家菩薩的責任之一。自出家以來，法門師友、信施檀越、教授學者等的貢獻專長，在在將覺風佛教藝術推廣於各年齡層、各個單位，將藝術的、文化的、建築的、寺院的、歷史的、身心的等諸多面向，結合佛法辦理活動，年年不斷。覺風佛教藝術的師資有：林保堯、陳清香、顏娟英及李玉珉、蕭瓊瑞、李乾朗等方家，以及在書道、花藝與茶道等諸多師資，正是福蔭我的第三把大傘。

我喜於將善士的福蔭，福蔭於同行的眾生。

「有佛法就有辦法」，無疑的，佛陀的福蔭是生生世世的，我也發願：來生繼續以比丘尼的身分，行菩薩道，不疲不厭。也願此生繼續做細細的毛毛雨，以佛法滋潤眾生心田，讓播下的菩提種子發芽生根。

感恩一路行來，諸多善因善緣的成就，點點滴滴銘記心底。

訪問者序

透過藝術弘揚印順思想——寬謙法師

近代佛教史研究者／侯坤宏

寬謙法師的口述傳記，因林桶法教授推薦，由在出版界享有盛名的臺灣商務印書館出版，承法師囑為本書寫一序文，卻之不恭，藉此機會談談我所認識的寬謙法師。

初識法師，是二〇〇六年在新竹法源講寺，同行者還有過去的國史館同仁卓遵宏先生，為了解法師與佛教種種因緣以及法源講寺的歷史，我們曾經多次前往請益。後來，法師把弘法的基地轉移到永修精舍與北投覺風佛教藝術文化園區，筆者則因工作關係，就少有機會再向法師請教。直到二〇一七至一八年，在林桶法教授建議之下，再前往北投，繼續聽她講說近十年來的弘法心得，這些內容成為本書的基本素材。

寬謙法師出身藝術名門，自己學的是建築，出家後因服膺印順導師思想，專心投入並弘揚之，是臺灣佛教界印順思想的重要引介者。臺灣佛教界蓋寺院的不少，真懂建築的不多，能將建築學理論運用到解說佛經論的，也只有寬謙法師一人；臺灣佛教界能經年累月透過講說弘揚印順思想的法師，也不多見。建築專業出身與重視印順導師思想這兩個特點，是我們了解她的一個重要線索。

法師與印順導師以建築結緣，如福嚴佛學院整建、慧日講堂規劃、華雨精舍的屋頂收尾，她都有機會參與。尤為重要的是，對於了解佛法，因為有導師為她開了眼界，才得以逐漸深入。在近代佛教界中，各派各說各話，沒有完全掌握印度、中國佛教史的來龍去脈，一般都是只依個人觀點，固守宗派成見。當法師讀到印順導師的著作，給她很大的震撼，並得以藉此登佛法之堂。身為出家的僧人，弘揚佛法是本分，藝術只是一個可以作為弘法的工具；在寬謙法師心目中，利用自己的專業（藝術）來弘揚佛法，雖是一件極為自然的事，但其間之主、客關係，不容易位。

寬謙法師認為：「中國化的佛教，不是太簡單，就是太繁複，呈兩極化現象。」她因為讀建築的關係知道要務實，建築學的訓練在對佛法理解上，比較重視架構性、系統性、層次性，而這些正是華人傳統思維中所缺乏的。建築，是一種語言，利用它來傳播佛法，是寬謙法師弘法的特色。利用建築語言展開的佛法思路，再配合佛教圖像解說，不僅易於歸納與統合，也可以見樹又見林，重點不會遺漏，有助於佛法之修學。

唯識與中觀是進入佛法大門的兩把鑰匙，一個從法相談，一個從法性談。我們生命連續的問題，可以透過中觀來理解，唯識在這方面講得更為透徹。但唯識學繁瑣，如果沒有掌握其中要點，就不容易切入；一般華人則比較習慣真常唯心系。印順導師對印度大乘三系的評判上，真常唯心不如唯識，更不如中觀，但並沒有否定彼等在弘傳過程中的價值，寬謙法師在這方面是有深刻體會的。法師自謙讀理工出身，欠缺人文、歷史方面的訓練，也深知其重要性。因為有歷史的基礎來談佛理，才會有脈絡、有基礎。在歷史學專業出身的筆者看來，能有如此體會，極為難得。

「三日尋燈」創自寬謙法師，是她弘法的一個特色，也是筆者開始留意法師的原因。法師向我們表示，「三日尋燈」的方式得力於科判表，三天裡講一部經，隨宜開展為五日、六日、十日慧學模式，符合當前社會需要，讓更多人可以在短時間內了解一部經論，從而深入經藏。此種講經方式，從新竹而南而北而中，燈燈相續照耀，之後更在國外歐洲、美洲、紐西蘭等地執行，讓更多人可以了解——什麼才是真正的佛法？

臺灣佛教號稱興盛，五花八門什麼都有，但其中弊端也不少，這也增加了佛教徒的學法障礙，若缺乏擇法能力，就很可能被誤引。寬謙法師深受印順導師啟發，重視「印度佛教思想史」，即使是講佛教藝術，她認為還是要從印度理解起，因為佛法源頭畢竟是在印度。不論往中亞、往北傳，都離不開印度的影響。透過歷史、地理與根源的講法，以了解造像演變。三十多年來，因為印順導師文字般若的教誨，讓法師體會到「印度佛教思想史」的重要性，於是開始籌辦「印度佛教尋根之旅」。學院安排佛教藝術課程時，會順便安排旅行課程，是深度的、藝術的、歷史的、宗教的深度旅遊。這種教學方式十分難得，也很吸引人，不知何時筆者才有機緣參與這樣的活動？

在臺灣佛教界中，弘揚印順導師思想的法師，並不占有太多的比率，身為「印順學派」（藍吉富、邱敏捷用語）成員之一的寬謙法師，過去一直以印順導師著作為宣講教材，她對印順思想的弘揚，值得我們讚歎。在親訪法師的過程中得知，北投覺風佛教藝術文化園區與日本著名建築師安藤忠雄已經簽約，準備在園區蓋一具有特色的建築，不知何時能夠完工，值得我們期待。希望在不久的未來，可以身在一代建築大師的建築作品中，聽到法師宣講當代最具創造性的佛教思想家印順導師的著作。

佛法（尤其是印順導師的思想）是核心，藝術是方法，如何透過藝術手段來弘揚佛法？應是法師努力的目標，也是我們所寄望於法師的地方。

訪問者序

學習寬謙法師，寬容慈悲、無私無懼

輔仁大學名譽教授／林桶法

寬謙法師，在家，生於藝術濃厚的家庭，涵蘊藝術種子；出家，受印順導師思想的影響，涵化佛陀思想的精髓；弘化，兼容佛教與藝術，強調聞思修、解行並重，諄諄善誘，獲益者眾；這本口述歷史敘說其生命歷程，其無私、慈悲的言行，足為現世典範，面對挑戰表現無懼的精神，更堪學習。

過去曾幫許多專書推薦及撰寫序言，泰然無礙；此次寬謙法師出書要求寫序，壓力頗大，一方面雖學習佛法及聽聞寬謙法師教義已有一段時間，然根基駑鈍、熏學不勤，了無所得；另一方面藝術非余所專，更毫無涵養；寬謙法師客氣，只得書寫訪問心得。

在學校開設口述歷史課程，也有多次訪問經驗，然以此次在因緣際會下訪問寬謙法師的經驗印象最深，訪問在覺風藝術教育園區進行，整個園區環境寧靜優雅，園區的師兄師姐在寬謙法師僧團的教育與引導下，敦厚親切；法玄法師更讓信眾法喜充滿，寬謙法師寬容而謙卑，法師又安排月現、美賢、錦美三位師姊進行錄音及整稿，訪問者只需進行引言即可。

由於法師對於過往的經歷紀錄頗詳，每周主題確定後即進行約二個小時的訪談。名為訪談，實際上是上課，聆聽法師的過往，出家後如何在艱困的環境下堅持信念、如何引領大眾、如何推廣佛教藝術等課題，獲益良多，印象最深的是一句話：「有佛法就有辦法」，相信此書的出版定能讓更多人深受啟發。

第1部

從楊漢珩到釋寬謙

第一章　跨海溯源楊氏家族

臺灣宜蘭是我的家鄉，但我在臺北市出生、長大、就學，小時候常常隨著外婆往返宜蘭、臺北之間。一路陪伴我長大的是家父塑造的佛像、外婆常去的宜蘭念佛會，以及家族濃厚的親情。

大陸、臺灣，楊家與兩地的因緣

先祖仗義搭救陌生女子牽起姻緣

家父楊英風的朋友林今開先生，著有《狂人百相》，筆調活潑，但很有歷史概念。

一九九〇年家父在北京生了一場大病，讓林先生很緊張，家父病癒以後，林先生發心要替我們尋找族譜。

林先生前往中國大陸探尋，從宜蘭追到泉州，發現故居有個地方名為「佛壇」，在當地找了許多資料，寫成《八千里路雲和月》，自家父上溯到祖父、再更上幾代，紀錄我們家族是如何來到臺灣，可惜來不及出版，他就過世了。二〇〇二至二〇一一年，我們與新竹交通大學合作出版三十冊的《楊英風全集》，將此書收入第二十八冊。我很佩服他一一溯源查詢的精神，他說歷史像影印機一樣，自然會複製到下一代。我出家的時候，以為家族內沒有出家人，卻查到楊家在前幾代就有人在「佛壇」出家。

根據林先生查訪的家族故事，楊家第一代先祖一直想來臺灣發展，但苦無機會，某天在家鄉見到有位女子被人非禮，出手搭救，不慎將非禮女子之人打倒，驚動鄉人，於是就匆匆忙忙逃離大陸到臺灣。這女子出自文人家庭，因為有此難堪的遭遇，在家鄉很難立足，尋思託身當時搭救她的人，不斷打聽下才得知恩人已去了臺灣，女子立刻想方設法來臺。當時單身女子是很難渡海到臺灣，她就將自己裝在雞籠裡，當成貨品隨船到臺灣來，在臺灣上岸後，熱心人士把她直接送到先祖家裡。

這位女子和先祖結婚後，從此相夫教子，而繡花、繪畫都是她的專長；先祖乃是種田人家，閒暇時幫人蓋房子，先祖母就協助他點綴裝飾屋面。我想手藝基因就是這樣遺傳到家父身上。家父是來臺的第七代，我不曉得林先生如何訪談得知這樣的故事，但確實有根有據，也可見家父的藝術天分其來有自。

根據林今開先生的紀錄：「祖先楊聘，於一七二九年，清朝雍正年間，從福建遠渡到臺灣，與宜蘭開拓之父吳沙，共同在新世界注入了新開拓者的熱情。」將近兩百年後，祖父楊朝木同樣擁有先祖的冒險精神，在亞洲大動亂的一九三〇年代，帶著祖母陳鴛鴦與孩子，如鮭魚返鄉般前進中國發展。

祖父母赴中國經商一別三十年

祖父是開創型的性格，到了中國大陸先在上海經營碾米廠，接著去北京開戲院，後來更遠赴東北發展。一九四九年來不及返回臺灣，滯留於大陸，直到一九七九年才離開中國大陸回到臺灣，但依然抱持創業理想，處處尋找商機，不知老之將至。

祖父母在中國的事業曾經臻至巔峰，他們度過了中國最後的精華時代，過得很富裕，家裡佣人不知凡幾，倆人生了三兄弟，都非常文靜，親友都覺得家裡似乎養了三位千金，不過祖母規定他們在家裡一定要講閩南語。

祖母與外婆是姊妹。外婆是三姊，名為陳水鴨；祖母排行第四，原名鴛鴦，後來改叫瀨洲。祖母是現代女性，她不肯纏足；而外婆則認命纏足，是內向的傳統女子，沒有讀書，守在宜蘭。祖母出外讀書，到上海、東北，和祖父在北京經營戲院。外婆擔心祖父母到了中國大陸發展事業不回家鄉，要求將他們的大兒子，也就是家父留在故鄉，由外婆照顧。因此，祖母於一九二六年在臺灣生下了家父後，便跟隨祖父去中國發展事業，隔一、兩年才回來宜蘭探望親戚，尤其是兒子。這在當時落後的宜蘭，總會引起一陣騷動，家父看著自己的母親，穿著裝點著亮片的旗袍，就彷彿從天邊飛回來的一隻「鳳凰」。

每當又要離去，祖母就跟兒子（家父）指著天空的月亮：「阿母欲去的所在，你會當看著同一個月娘！咱倆人看著的是同一個月娘喔！阿母無論何時，都會佇月娘看著阿風你喲！」

從那天起，每當夜深人靜時，家父就獨自走到院子裡，目不轉睛地凝視著月亮。似乎在月亮中，看到了阿母攬鏡梳髮的形影，她身穿高雅、優美的旗袍身形，彷彿月娘派來的使者。家父腦海中重疊的影像，不是別的，而是浮現於月亮的母親背影，這正是家父「鳳凰系列」的創作原形。月亮也引導家父的眼界關注到宇宙天際，得以將沉緬於思念母親的煎熬及狹隘心態之苦，轉為對大自然的大愛，因而能從拘泥中解放、並且展現化煩惱為自在的特質。母親的永恆形象——月中的優雅身影，牽引家父的創作走向大愛的「宇宙真理」。

等到家父小學畢業，祖父母堅持要帶他到北京受教育，外婆又擔心他們不再回來，遂將自己的女兒李定，許配給妹妹的兒子（家父）。家父到中國讀書後，因為外公生病，受命回來結婚沖喜，這一次回來臺灣，就與祖父母睽違了三十年，造化真是難以捉摸。

臺灣俗諺：「鴛鴦水鴨倆相隨。」但人間戰亂離散了這對姊妹，死生不能再見。祖母與外婆生離死別的這一段歲月，歷經了日治、抗戰與國共分裂，祖父母羈留大陸直到一九七九年，才想辦法離開中國。戒嚴期間依照規定，大陸居民不能直接回來臺灣，要在第三地住滿十年，幸好二叔楊景天住在美國，祖父母先到美國依親，家父奔走聯繫處理後，簽下保證祖父母回臺灣後不再離開臺灣的切結書，方得以讓二老提前歸來故鄉。一九四九年到一九七九年，一別三十年，親人重聚，恍如隔世。祖父母從美國回來時，我們整個家族總動員，租了一輛遊覽車去機場迎接兩位老人家。

但那年仲夏，外婆剛剛過世，家裡設有靈堂，擔心祖母見此光景，會受到巨大的衝擊，所以先安排他們暫住表哥家。然而，手足親情的魂縈夢繫，讓祖母到了三更半夜依然睡不著，要求我們立即帶她去臺南看姊姊。這時我們不得不講出真相，一聽到姊姊已經過世，祖母慟心地昏厥過去。等了三十年，就只差不到一個月的時間，生死契闊，就此錯失，真是令人扼腕，人間至情悲戚莫過於此！

外婆、祖母這一對姊妹，是家父生命中重要的女性，也是家父創作的泉源與推手。外婆更於家父母結婚後，協助家母帶孫子、煮三餐、料理家務。

祖母回到臺灣之後，於一九八三年過世。家父與祖母一生聚少離多，但緣淺情深，童年時想念在北京的母親，只能仰望月亮的柔輝，代替母親的溫暖擁抱。祖母過世，我再度萌生出家念頭，兩相衝擊，家父遂創作了〈分合隨緣〉，呈現出對生離死別的深沉感悟。〈分合隨緣〉是由兩件大作品構成，可以成為一組，也可以獨立分開為兩件。作品體現法義，又充滿感動力量，動態的分合構件如飛碟般的斜鏡面，動中有靜，靜中有動。彷彿道盡了楊家母子、鴛鴦水鴨姊妹此世情緣的生滅，以及父女相聚別離的去來，思念深遠的悠悠。

家父的身教與言教

家父回臺灣結婚、白手起家，祖父母在北京的產業，完全無法帶回臺灣，大陸變色後，音訊全無。一九四七至一九六〇年，正是臺灣經濟窮困的年代，雖然「豐年社」雜誌美編的工作薪水不錯，但是一家九口，再加上阿姨的孩子們亦得挹注教育費用，經濟並不寬裕。然而一九六一年家父為日月潭教師會館完成的大浮雕創作，促使他辭去待遇優渥的工作，發願當一位專業藝術家。

家母不擅理財，對家庭經濟的協助不大，家事還得外婆幫忙。家中一直沒有工作室，雖然處在經濟拮据的惡劣環境中，但家父總是努力不懈、克服困難陸續完成大大小小的藝術作品。當時家父最好的工作室，就是建築製圖桌，在一張張的方眼紙上，完成原創作品的構思。

家父一九四〇年代曾經在北京輔仁大學讀書，輔仁大學一九六一年於臺北復校後，于斌樞機主教希望家父以校友的身分去羅馬，代表學校向教皇致謝，感恩教皇協助復校。可是家中經濟不寬裕，怎有餘力去羅馬，不過于斌樞機主教說，只要有心去自然有辦法。很巧，當時菲律賓僑領請家父為他塑造肖像並翻鑄為銅像，這筆如及時雨般的收入，解決了家中經濟問題，父親順利前往羅馬。因緣時節不是巧合，而是點滴累積而來。

一九六三至一九六六年家父在羅馬，而我正在讀小學的階段。這三年我們常常寫信給他，先在黑板上寫：「爸爸，我們想念您！」然後拍一張照片，寄去給他。記得家父出國時，在飛機上寫的明信片中，提醒當年還是小學生的我要多吃青菜，字裡行間盡是溫暖的叮嚀。孩子的想念、父親的慈愛在《楊英風全集》的書信篇處處可見，實屬傳統家庭中少見的「暖男」。出家前的我可是「滴菜不沾」，所以當我決定出家時，跌破許多人的眼鏡！

親情與藝術的澆灌

家父母結婚後，搬到臺北居住，曾經住過齊東街，後來搬到南海路。齊東街有很多日式宿舍，有一處立為「楊英風故居」，不過現在已經找不到了。家父的三姨就是我外婆，家族親戚眾多，家父、家母比其他親戚早到臺北，所以宜蘭親戚到臺北就先住我家，要買房子也都先跟家母借款，當時父母都還沒想到為自己買房子。家父既是創作的藝術家，更是家族的照顧者、接濟者，同時是無比孝順的長子。

初識佛法的來由

我有個阿姨名叫李邁，她家就住在宜蘭雷音寺的斜對面，外婆與阿姨都會參加雷音寺的共修會。繞佛時，外婆常常把我背在背上，如此一來，我的視角就比一般人高，眼睛看著大家繞佛，耳朵聽到阿彌陀佛的佛號，綿綿不斷，佛號繞梁三日不絕於耳。那時候我才三、四歲，但印象非常深刻，鮮明的畫面與聲音直到現在還是難以忘懷。

外婆纏小腳，膝蓋與腳力都不夠強健，因為力氣不大，繞佛時為了背起我，都是先把我拽進水槽上，再藉由水槽的高度將我背到她的背上。我們一老一少，在佛堂裡留下溫馨畫面，外婆必然不知道當年這樣一拽、一抱、一背、一繞，讓我日後與如來家業形影不離。外婆橋、外婆橋，是帶我通往寺院的一座橋。

因為外婆是虔誠的佛教徒，又有一位會塑造佛像的女婿，也一直有供養寺廟佛像的心願，所以小時候我常常見到家父與出家法師往來。例如法源講寺的覺心法師、法濟寺的印心法師，他們兩位是師兄弟，當時家父正為這兩座寺院塑造佛菩薩像。六、七歲的時候，我就常在法源講寺、法濟寺之間來來去去。家父工作時，我們就穿梭在佛像、菩薩像間，大佛彷佛是我們的大玩伴，我們常常坐在大佛的腿上，摸一摸佛手，或是藏身在佛背後，玩起捉迷藏。佛菩薩尊像對我們來說，是非常和藹親切的大朋友，更有很深的感情，也因為法源講寺有家父塑造的佛像，而成為我出家寺院的首選，因為眼前的佛菩薩像，就彷佛是家父陪伴在我的身邊，加上覺心法師又是家父的好友，很自然的就成為我的剃度師父。

爽朗大膽的本性

年尾出生的我，依規定要晚一年入學，家母只好先送我去就讀幼稚園。家兄奉琛唸國語實小，順理成章我應該要讀國語實小附設幼稚園，但是我堅持不要讀這間。無可奈何之下，家母只好帶著我到處找幼稚園。當時總統府後面有一間公務人員子女就讀的貴族學校——靜心幼稚園，我一看立即就說：「我要讀這一間。」然而，從南海路到博愛路交界的貴陽街是一段不算短的距離，上下課是需要接送的，但家母仍將我送到這裡讀書，由此可見，家父母對孩子的尊重。我常說我很溫柔，但是很堅持，而且從小就展現了這樣的特質。

就讀幼稚園期間，常常由家父騎著單車載我去上學，家父吹著口哨，我就坐在前方橫桿上的小藤椅，迎著風看東看西，當時重慶南路都是田野風光。如今高樓臨立，歲月更迭，滄海桑田，已非昔日。

有一段時間家父和他的學生們去日月潭工作，改由家母接送。有一天放學，我一直等不到家母來接我，眼看著一個個小朋友都回家了，牆上只剩下我的名牌卡，左看右盼，依然等不到人，我就拿著卡片去找門房，指著卡片上的住家地址，請他幫我叫一輛三輪車載我回家。就這樣，我一個人坐著三輪車，好像坐在又寬又深的沙發上，路上很顛簸，我身體太小，伸手搆不到兩邊的扶手，但我一點也不緊張，反而有自由自在的感覺。一路上搖搖晃晃地經過總統府、法院、自由之家，最後回到南海路的家。一到家，家母一臉驚訝地說：「妳怎麼這麼厲害！會自己回來。」這一件事，讓我充滿信心與歡喜。

當時家父安排家兄跟許常惠音樂家學小提琴，由住在家裡的國立藝專學生周義雄負責接送。我常常看著家兄哭著出門，又哭著回來，很不情願去學琴，倒是我非常好奇，於是提議陪家兄去學琴，當我學出了興趣時，家兄卻堅持不肯去上課，讓我也沒機會繼續學習，因此拉小提琴一直是我未完成的美夢。

幼稚園畢業，回到原來的學區國語實小就讀，學區中以外省小孩居多，所以我的國語發音還不錯。記得當時常常有很多外國人坐在教室後面，跟著我們一起上國語課，大家一起玩，國語就在遊戲當中學起來了。國語的讀音跟閩南語全然不同，例如國語ㄥ和ㄣ的音要分清楚，該不該用唇音，像「陳」與「程」就不一樣，還有我們臺灣人對ㄈ跟ㄏ也常搞不清楚。

當時除了國語實小，還有北師附小、女師附小，這三所學校有點像姐妹校。尤其國語實小，從來不受升學壓力的影響，並沒有補習，全方位五育都沒缺少，在我們那個時代，學校不惡補是很難的，國語實小實施正常教學，美術、音樂都沒忽略，至今我還是覺得國語實小最好。國語實小與建國中學只有一牆之隔，我們打躲避球、打籃球，打著打著常常會把球丟到建中校園內。記得讀小學三年級到六年級時，下課後還會走到建國中學老師宿舍區，與一位音樂老師學鋼琴呢！

小學畢業那年，因為小提琴的夢還未了，我很勇敢的再去找許常惠老師，執意請他幫忙買了一把小提琴，他當時已經不教小孩子拉琴，就把我交給他的新婚夫人教導，我又認真學了一段時間，終於認清自己不是音樂家的料，才總算放棄不學。自己雖當不成演奏家，但還是可以成為一位欣賞者。

家父有一位學生李正義，在國立藝專畢業後，進入功學社工作，因此常常贈送許多音樂會入場券給我們。我往往一個人搭著〇東公車到終點站國際學舍，聆聽音樂會。當時的國際學舍算是位處臺北市的邊緣地帶，記得一到晚上就一片漆黑，我依然樂於前往欣賞音樂。

青春年少的揮灑與印記

我是九年國民教育的國中第二屆，已經沒有考中學的升學壓力，我就讀的金華國中前身是臺北市立女子中學，當時是第一志願，二姊就是考上這間學校。家父為了讓我進金華國中，特地把戶口遷到住在金華街的朋友家。當時國中數學課上十二進位、十六進位，同學們都聽不懂，老師很傷腦筋不知道要如何來教？我自告奮勇教同學們。這一教，同學們居然聽懂了。

國中畢業後，升學考試有多重選擇，普通高中、高職、五專與師專，我與二姊都考上中山女高。國中畢業時，知道家裡經濟尚算寬裕，就沒有報考師專，而且我的個性比較像男生，還曾將臺北工專列為選項之一。

一九七二年我進入中山女高就讀，我對唱歌一直很有興趣，想參加合唱團，但怎麼考就是考不進去。出家後才理解為什麼無法入合唱團，原來我習慣用梵唄唱法，不是聲樂發音，兩者是不同的，而梵唄是宿世累積的習慣性。這輩子我第一次在台南開元寺聽到梵唄就非常感動，覺得那是很熟悉的聲音，後來學梵唄很快就掌握要領。尤其像法會中「三時繫念」的主白部分是梵唄的敘說方式，因為沒有譜，主要透過「板眼」來唱，我一直很喜歡這樣的方式，眾生耳根很利，下輩子再聽到梵唄依然熟悉，我想這輩子會對音樂一直感興趣，應該就是這個原因。

升高二時，分了文、理組，我非常喜歡數學，就選擇理組。升高三時，理組又分甲、丙組，我那時已經立定志向，想讀建築，所以選擇甲組。當時大專院校的率取率只有百分之二十左右，高三那年，我被選為班長，面臨聯考大家都非常緊張，常常傍晚下課後，先到外面吃晚餐，再回教室複習課業，直到九點鐘才回家。

記得有一天晚上下著濛濛細雨，大家仍舊讀書到九點才回家，第二天到學校才知道前座一位同學竟然永遠離開我們。前一天晚上大家分別後，她在回木柵的路上，被一群不良少年姦殺。突如其來的訊息，讓全班的每一位同學都非常的驚愕與害怕！這在當時是很轟動的案件，一位就讀優秀高中、個子瘦小、名列前茅的女同學，怎麼會遇到這樣的悲劇呢？在還沒有查出兇手之前，她是無法入土為安的，我們的心情也是驚恐紛亂，好一段時間無法專心的用功讀書，學校也禁止我們留校夜讀。

這件事情震撼了身為班長的我，一方面覺得沒有照顧好同學，又想到好好的一個人，怎麼會突然間就死了？加上蔣中正總統也在這期間過世，舉國哀悼，全班同學更是無法定下心來讀書，結果當年大學聯考全班同學都考得不理想，當然我也不例外，竟然落榜。我又報考了夜間部，順利考上師大數學系；其實我也很想讀數學系，因為我對數學非常有興趣，只不過我更喜歡建築，最後決定重考。隔年考上淡江大學建築系，需要讀五年，直到一九八一年才畢業。我曾想，若沒去讀建築，我一定會是數學老師，出家後講授佛法，常常把佛法「數學化」。數學非常奇妙，數字之間的排列組合，自然會跑出不同的結果與結構。

讀高中、大學期間，經常參加救國團的活動，像是澎湖戰鬥營、虎嘯戰鬥營、后里騎馬、跳傘等。記憶中最深刻的是去后里騎馬，一開始不會騎，全身筋骨被顛得厲害，馬背往上，我的身體就往下；馬背往下，身體又往上，兩兩相背、身體就懸空，再跌坐下來，常常被震得全身痠痛不堪。後來慢慢地抓到要領，馬兒向下，身體要順勢跟著向下，反之亦然，終於體會到騎馬的樂趣，好不容易學會卻要結束了。後來了解到這就是「隨順因緣」的道理，透過騎馬，讓我體悟到隨順因緣的重要性。

「虎嘯戰鬥營」是跳傘活動，名額有限、民眾踴躍，很難報名，我拿著工學院建築系的學生證，上面的照片是短髮造型，加上名字「楊漢珩」的陽剛氣，主辦者以為我是男生，就讓我入營！後來才知道，女生通常會被這種刺激的活動主辦者拒絕。有研究表示，人類最害怕的高度是六樓，七樓在視覺、心理上則沒那麼恐怖，因而跳傘前，要先練習跳六層樓高塔，塔內佈置成機艙的樣子，從高塔跳下去，練習克服高度、失重恐懼後，再去跳傘。我出家後說法時，常常說站得高、看得遠，往下看的現象愈平等，便是脫離了我相、人相、眾生相，我想這應該跟年輕時跳傘的經驗有關吧！

協助父親藝術工程學會慎重

讀建築系的人最能隨遇而安，在工地監工能睡車上；熬夜製圖夜宿教室也能用保麗龍一鋪、報紙一蓋，立即入眠。讀建築系的人也最會熬夜，就因為有這個本事，當年外婆住院，我就自告奮勇輪值大夜班照顧。

建築系學生的專長還有做模型，我的外號是楊一刀，另一位是馬二刀（馬松元），我們二刀合作，一個晚上就可以趕出一座模型，賺取一萬元外快。模型很精巧，上面的透明電梯用膠囊製作，花園的花花草草就取自中藥材料。我曾經用做模型賺來的錢，訂作一件絲絲絨旗袍，送給剛從大陸回來的祖母，她滿臉的笑容，彷彿一萬多個苦日子，終於得到甜蜜的慰藉。此時此刻，讓我不由自主地思念著總是呼喚我「阿珩！阿珩！」的外婆，那個穿著深藍色大襟衫、帶著小孫女，出入各寺院參加法會的熟悉身影，這種復古又前衛的時髦衣服，成為我畢業照的首選，大學畢業時的年輕風采，襯著外婆衣服的餘溫，彷彿祖孫又相依坐在開往宜蘭的火車上，還是小女孩的我，趴在外婆的背上……

一九八一年我從淡江大學建築系畢業，但不能立刻參加檢覈取得建築師執照，因為建築系讀五年，畢業後需有三年的工作經驗，才可以取得檢覈資格。高考幾百個人才錄取一、兩個，錄取率太低、太難了，大部分的建築師都是走檢覈路線，先有檢覈資格，再參加考試取得執照。

家父有一個景觀事務所，我有幾年的時間都跟著家父跑工程，常搭飛機到花蓮、高雄，再飛返回臺北，一天繞臺灣一周。家父從事的是景觀藝術工程，與建築設計、工程領域都有關係。我曾經協助家父完成臺南開元寺「古蹟整修」、花蓮和南寺〈造福觀音〉的工程，並建設自家在埔里牛眠山「靜觀廬」、臺北重慶南路「靜觀樓」，「靜觀樓」後來設為「楊英風美術館」。

一九八〇至一九八三年靜觀廬起造，由我監工，工程中，上樑一事影響我很深。上樑要看日子嗎？找誰看？對於大學剛畢業的我來說，是一件難事。我當時就請教開元寺中比較熟悉的師父，依照精心看過的日期、時辰上樑，結果一上樑，諸事不順。晚上從埔里回到臺北家時，只見一部救護車從家裡開出來，載著中風暈倒的祖母，祖母本來就有高血壓，送醫後幾天就過世了。何以明明是吉時，竟會發生悲傷的事？我也相當懷疑。

後來，我們請法源講寺的師父處理祖母的佛事，我請真理法師翻翻通書，這時才發現上樑的時辰，竟是諸事大凶，原來當天雖是吉日，但有個大凶的時辰。通書是傳統文化之一，中國人以五行排列組合，預估每日的吉凶變化狀況，這是中國人文化經驗的累積，和佛法並無關係。但是如果相信的話，就很容易相應。

由於自身刻骨銘心的經驗，在日後遇到類似的問題時，我就格外慎重以對。出家後有人來找我看日子，我都要仔細核對資料，如果仍有疑問，就請他另請高明，放下面子，真誠對待信徒與自己，這是我從上樑與祖母的事件中學到的寶貴經驗，希望擺盪在世間法與佛法的眾生，能從尋尋覓覓中，找到出世入世的平衡點。

祈安菩薩與造福觀音

出家前的工作都是以家父的工程為主，那是家父事業的巔峰時期，工程方面我能幫得上忙，可做的規模也比較大。當時跟佛教有關的景觀造像，就是大安森林公園〈祈安菩薩〉與花蓮和南寺的〈造福觀音〉。

〈祈安菩薩〉原型是在埔里的工作室放大的，由我陪明光法師去看塑造的過程。後來因臺北市政府重建公園，而引發「觀音不要走」事件。一九九三年明光法師希望延伸據點辦活動，就在大安森林公園安放〈祈安菩薩〉。當時基督教大樓也在附近，面對觀音像有些情結，潑灑糞尿與硫酸想要挪走觀音像，因此引起爭執，還好是家父作品，最終因認定為藝術品得以保留下來，和平落幕。

〈祈安菩薩〉形象莊嚴，身上沒有裝飾品，一般來說，佛像通常沒有裝飾，菩薩像則是可以有的，但家父的菩薩像沒有任何的裝飾，這是其特色。花蓮和南寺山頂上的〈造福菩薩〉，大概有四層樓高，也是家父在我出家之前完成的。菩薩像超越男相、女相，比較中性，佛陀則是大智，大悲、大雄力，但又有慈悲溫暖的感覺，也要厚重，讓眾生依靠與依賴，創作必須要多加強手部與身體連結的質量。

花蓮和南寺背倚中央山脈的支脈關刀山，面對太平洋，視野非常好，觀音像依山勢建成，相當於四層樓的高度，信徒可與〈造福觀音〉一同眺望太平洋。住持傳慶法師是廣欽老和尚的弟子，一直對風水堪輿很有興趣，在臺灣各地遍尋建寺地點，後來落腳花蓮鹽寮建成和南寺。法師的弟弟洪慶祐，筆名「愚溪」，國立藝專畢業，一直在和南寺寫文章、作曲，成立普音音樂公司，創作多媒體，傳慶法師支持弟弟從事佛教藝術創作，和南寺很早就開始推動佛教藝術。我興起出家念頭時，和南寺曾經是我的選項之一。

當時思考出家寺院時，我心中曾浮現三個選擇：分別是和南寺、開元寺、法源講寺。外婆從病中住院到過世，都在臺南開元寺。那段時間我常去開元寺，生活作息逐漸像出家人，習慣早起參加早課，歡喜唱誦經文，對出家生活開始有所嚮往。我從小就是一到晚上便無法專心讀書，慣於早睡早起，我想這跟宿世出家的習性有關係。畢業後開始上班生涯，我也是起得早，家兄家嫂就說，「怎麼五、六點就開始上班？」因為辦公室就在家裡，住辦合一，就能夠一大早開始辦公。

出家是必然的，因為宿世種過種子，終會萌發。我自小有因緣接觸很多出家法師，他們超脫世間情感而投入佛法，隱隱影響了我，如呼吸之自然。藝術工程是我的興趣，但是生命底層的心靈呼喚，我還是走上了出家之路，雖然出家前完全不懂佛法。

濃郁的家族之愛

如今少子化，許多人更加懷念四、五〇年代，一大家族人的相偎扶持，祖孫三代、姑姑、叔叔、阿姨、表兄弟姊妹的親密往來，我的童年就是在這樣的家族中長大。

小時候，堂表親戚眾多，來臺北就住到我家。表姑藍幸惠從宜蘭到臺北工作，有人要為她介紹男朋友，而當時民風保守，她不敢自己去約會，就帶著我這個小跟班，比較不會尷尬或是受人議論，而我這個小跟班竟一路幫他們算起帳來！我默默計算一天約會的花費，回家後就跟外婆報告。今天買車票、吃東西、喝飲料、看電影等，總共花了多少錢，外婆邊聽邊笑；表姑則說以後不再帶我去了，因為大小事都被小跟班仔細牢記，回家還報告詳情，感覺隱私權被侵犯了。

外婆雖然沒讀過書，但年輕時經營過雜貨店，算術很不錯，我深受她的影響，對數字也非常有興趣。三歲左右，我去表姑工作的幼稚園辦公室玩，就會在簿子上寫數字一到一百，寫得不亦樂乎。出家後講述《大乘廣五蘊論》時，會強調《八識規矩頌》與《百法明門論》對照，從五蘊、十二處、十八界各個細項去加，加到一百，能清楚與百法相應。

家父的親戚多在宜蘭，我們臺北的家是故鄉親戚們來往的中間站與休憩處。外婆只生了兩個女兒，阿姨很漂亮，姨丈是貴州來臺的軍人，當時臺灣人的觀念是，寧可「將女兒剁一剁給豬吃，也不要嫁給外省人」，外婆終究熬不過熱戀中人，還是讓他們結婚成家。他們育有五個孩子，姨丈自軍中退伍後，轉職當小學老師，收入不高。當表兄弟姊妹來臺北，就住在我們家，再加上家裡的六個手足，家父如同養了十一個孩子，我們互相提攜，一起走過青澀少年時光，相濡以沫的情感迄今難忘。

當時我們一家人與外婆同住南海路的日式宿舍，家母就把後院加蓋成簡單的木造房間，分租給北上補習、準備考大學的學生。暑假期間，這些年輕學生返鄉，空房間就是我們扮家家酒的好去處。我跟家兄、表哥、表妹年紀非常接近，家兄跟表哥同年級，一個屬馬、一個屬羊；我與表妹也是同年級，一個屬猴、一個屬雞，我們四個人一起玩耍、扮家家酒的景象，至今依然鮮明。童年的暑假，不是和家兄去宜蘭玩，就是表哥、表妹來臺北玩。眾多表兄妹相處的暑假，充滿熱鬧與回憶，對生在二十一世紀的孩子而言，簡直是天方夜譚，也不可能學習到繁雜的親戚稱謂。

為家付出一生心血的二姊

家父母在同輩中最年長，最早孕育下一代。其中，大姊由舅公、舅婆帶回宜蘭；家兄則由姨丈公、姨婆照顧；我跟著外婆；二姊是唯一跟在父母身邊的女兒，是他們的掌上明珠，因此二姊最黏父母、最得父母的歡心，爾後更為楊家付出最多、承擔最多。

二姊只大我三歲，卻很會管教弟弟、妹妹。當時我只懂得與家兄玩耍，玩得天昏地暗，二姊總是在傍晚備好熱水，呼喚髒兮兮的我們回家洗澡，甚至幫我們仔細的擦洗。有一回玩得太瘋，二姊板起臉，義正嚴詞地訓誡我們：「你們知不知道爸爸是誰啊！竟然玩成這個樣子，簡直像野孩子，難道不怕丟爸爸的臉？」

當時我們真的不知道爸爸有何等名氣。家父常去植物園寫生，我們總會跟著去，沿途打打鬧鬧，二姊看到了，都會教訓我們要顧及爸爸的形象名聲，我們也不管她的管教依然嘻鬧，心想：「出來玩跟爸爸的形象有什麼關係呢？」二姊早熟的心思，使她似乎早在十歲出頭的年齡，就擔負起楊家家業的重擔。如今回想，真是不忍與不捨，也尊敬也佩服。

長大後，我和二姊最談得來，都喜歡音樂、藝術，也一同學鋼琴，國中、高中都就讀金華國中與中山女高。二姊大學畢業於師範大學英語系，英文成為她協助家父活躍於國際舞臺的最佳利器。

當時家裡住著好幾位國立藝專學生，他們從南部北上讀書，滿腹希望能成為藝術家，家中父母都會吩咐他們：「你住楊老師家，一定要幫忙打掃屋子，還有一定要醒師前，睡師後啊！」家父常在太陽未起之時，到植物園拍荷花與露水，這時學生們都還未起床；晚上學生們老是問：「老師，您怎麼還不睡啊？」家父當時正值壯年，體力十足，起得早，睡得晚。學生們都是「睡師前，醒師後」，沒有一個能做得到父母的交代！

當時國立歷史博物館中，姚夢谷先生是研究玉器的專家，也是為我起名「漢珩」的長輩。我的名字意思是，「漢」朝文人佩戴在腰帶上的一種玉器「珩」，顯示其高風亮節。二姊「美惠」是藍蔭鼎畫家起名，家兄「奉琛」則是溥心畬先生起名。姚先生經常在午餐時，走路到家中用餐，看到他來，我們都會喊著「姚伯伯來了，姚貝貝（閩南語，很餓）來了！」家中第一輪上餐桌的是家父、學生們及朋友，第二輪才是孩子們及外婆與家母。

盼與二姊結來生三寶緣

一九九〇年代，家父在二姊協助下，克服經濟壓力，擴充了工作室與工廠的設備，每一件完美作品的誕生，都是集家父與二姊的心血、體力、腦力、勇氣、毅力的付出。當時臺灣國際政治地位困窘，唯有讓各國對臺灣的藝術家刮目相看，臺灣才能閃耀出璀璨的明光，二姊在經濟非常不寬裕的狀況下，將父親的作品推向國際，從日本橫濱、箱根，到美國邁阿密、英國倫敦、法國巴黎大皇宮等地。

二姊相當崇拜家父，認為沒有任何男人能比得上家父，所以一直沒有適合論及的對象。家父事業的經營與作品展覽遍及國內外，都是由二姊一手打理相關事務。家父像一棵大樹，二姊則如爬藤依附著，她的世界只有家父，完全沒有自我，當大樹倒下，爬藤終亦枯萎。

一九九七年十月家父離世，沒有佛法作為依靠的二姊，在一九九八年六月跟著病倒了。

一九九七年日本箱根展覽會後，家父一病不起，不僅是家族巨木傾倒，更是藝術界的損失，對二姊的打擊更是任何人都難以理解。家父是她生命活水的泉源，出娘胎後與家父亦步亦趨，形影相依。家父是二姊的偶像，是二姊的巨人，她維護家父的心，超越珍惜自己的生命。家父離開後，她經常淚眼汪汪，反覆回憶著與家父相處的每一寸光陰、每一段往事，父女間的甜蜜相依。

二姊走不出悲傷，身心崩潰，癌細胞排山倒海地襲向她已經苦痛的軀體，快猛無情，無法招架，讓人措手不及。想不到一九九八年六月我才剛舉辦「臨終關懷」的課程，八月中二姊便往生，她成為我臨終關懷的實習對象。「病情告知的技巧與藝術」已經派不上用場；需要洗鍊的「臨終關懷」技術，我尚未熟成。幸好，二姊樂觀豁達，告訴她實情後，我表示全家人都會陪她共同面對病痛，鼓勵她去做想做的事情。

首先帶她去南部山上，離開工作壓力的環境，投入大自然，靜觀大地變化，卸下以往的重擔，她悠悠地說：「這輩子勞勞碌碌，生病後才在幽靜閒適中，真正享受生活。」此時，卻是生命的尾聲。二姊一向很客氣，很怕麻煩別人，受到我們照顧，不時露出歉意和微笑表示謝意。一向追求完美的她，因為病容憔悴，一直不讓親朋好友來探視，寧願獨守一室的幽寂清靜。

出家以來，家父和二姊是我心頭最放不下的至親，最後與二姊短短三十多天的日夜相處，是姊妹長大後最密集相聚的時光，卻也是最苦的一段歲月，憂傷煩惱相隨。經過這一段淬練，我更深沉地去體會示現於生活及生命中的佛法。二姊走得很安詳，臨終前我與她相約，此生結的是世間姊妹緣，盼望來世再結三寶緣或師生緣，那時我年歲已老，再來的二姊將是年輕之軀。二姊聽得頻頻點頭，破涕為笑，我卻背對她，早已淚流滿面。

想起未出家前，我們姊妹倆在松江路放生海龜的往事。當時我們一起去收帳款，路過行天宮，宮廟牆下有一隻大海龜待售放生，姊姊掏出了剛收到工程款訂金伍萬元支票給當時的海龜主人，約定第二天到淡水海域放生。隔天一早我們跟著去海邊，海龜歡喜地、慢慢地從沙灘游向水邊，此時的海龜竟是淚水滾滾，閩南語所言「目屎一垞一垞」的寫真，也是後來摯親相繼離去，我悲傷不已的心目影像。海龜下海游一段後，又頻頻回頭向我們點頭致謝，誰說畜生無靈性？每回看到姊妹舊照，無限惘然，此情可待成追憶，但願來世再相逢。

不到一年間，兩位摯親相繼過世，幸好有佛法讓我度過此生最大的痛苦。兩千五百年前，佛陀就是為有情眾生的生死大事因緣化現於娑婆世界，早就為我們的生死大事解惑。在那段艱難的日子裡，我反反覆覆地問自己：「家父那麼偉大，二姊如此付出，為什麼他們會走？」最後我體會到：「不因為我是出家人，不因為我努力在佛教上奉獻，親人就能免於生死。」免於生離死別之苦，靠的是智慧，需要放下的是執著。我透過佛法，回顧了親人離開的衝擊與調整的心路歷程。一開始是拒絕接受事實，情執在摯親的逝去，難以接受，不明白當緣滅時，親屬就離散了，那是一段難走的歷程。佛陀的弟子早就揭示佛法：「諸法因緣生，諸法因緣滅，我佛大沙門，常作如是說！」我實在懂得太慢、太晚才明白！

難走仍必須走，難受仍必須受，我從因緣觀察生死聚散，更加確認佛法的難值難遇。家人的離去，讓我從今生的情執學習覺醒。我在悲傷的歲月裡，許多法親眷屬對我伸出溫暖的雙手，不斷地為我做悲傷輔導，我深感福報十足。佛法的體悟、安寧照護、臨終關懷等等課程的舉辦，原是要利益社會，而我竟是開設課程後的第一個受用者，讓我比較有能力走出悲傷，重新回到弘法軌道。日後也與陳榮基教授創辦的「財團法人蓮花臨終關懷基金會」結下不解之緣。

哥哥爸爸真偉大

二〇一六年，蕭瓊瑞教授曾經在家父與家兄的展覽會上說：「在場的人，只有寬謙法師最有資格唱哥哥爸爸真偉大！」對於家兄，我是敬重、羨慕與不捨。小時候，因為上有兩位姊姊打理一切，我和家兄總是玩在一起，玩泥巴、蓋房子、騎馬打仗。每遇到逆境，家兄總是展現恢宏大器的態度，一點都不計較，也不放在心上。在耳濡目染下，養成我量大福就大的信念，這是家兄對我身教言教的直接影響。

一直記得，小時候大家都會搶東西，家兄總是說沒關係，很多事情都不計較。他和家父一樣，對朋友盡忠又盡義，心廣如天地，豁達而溫潤，父兄的大器深深影響我的為人處事。

家兄進入叛逆期，學業表現不如預期，在臺北的升學成績不理想，轉回宜蘭讀書，那時候我常常想：「如果換成我去考試，而哥哥不用參加初中考試，就能留在臺北讀書，該有多好啊！」幸好，家兄高中畢業後，考上了當時培養藝術家的重要搖籃——國立藝專。家兄長得又高又帥，在浪漫的青年時期，周邊圍繞著不少女朋友。直到祖母過世，習俗上必須百日內結婚，否則要守孝三年。家兄終於情定當時在新加坡電視臺工作的嫂子王維妮，自此終身不渝，共創幸福美滿的家庭，並將注意力完全投注在最鍾愛的藝術工作上。

家兄從事藝術創作，他獨到的手法和眼光，使作品獲得家父與同業的肯定，家兄找回了信心，一九九〇年臺北市觀光局於中正紀念堂舉辦首屆元宵燈會，主燈〈飛龍在天〉即是家父與家兄合作的經典作品。白天呈現巨型不銹鋼大雕塑，晚上則透過雷射光，從龍身射出五彩繽紛的光芒，直衝雲霄，燈光晃耀的龍身，結構體彷彿竹編的燈籠，再從龍嘴噴射出熊熊火焰般的雷射光，充滿著無比的生命力，讓參觀群眾驚艷不已。在家父的鼓勵下，雷射光與雕塑也成為家兄往後創作的最大特色。

一九九七至一九九八年家父與二姊相繼過世後，家兄挑起了整個楊家的擔子，生活更忙碌。二〇〇〇年起國立交通大學成立「楊英風藝術研究中心」，再加上「楊英風數位美術館」網站的建置、《楊英風全集》的編輯，我們兄妹的工作有了交集。二〇一〇年我參與了家兄在北京的中國美術館舉辦的「大器遇合／五行再生」父子雙人展，參觀的觀眾們驚歎他在發揚家父的藝術成就外，更樹立自己藝術創作上特有的風格。

只是天不假年，二〇一四年端午節前，家兄從新加坡返回臺灣途中感到身體不適，檢查後發現已是鼻咽癌末期，他開始密集治療。我時時刻刻懸念著他的色身狀況，總是抽時間從北投覺風學院走路下山搭捷運，頻繁出入關渡的和信醫院。醫院離學院非常近，往生前幾個月，我只要一有時間就到醫院探望，靜靜地陪著家兄，有意無意為他談談佛法，有時陪他在醫院的走廊上來回散步，我們緊握著彼此厚厚的手，如今想來，此景此情但成追憶，彷彿手溫猶存，心語相通，那是難忘而惘然的畫面。

平常家兄是十足的工作狂熱者，等到身體不好，走不動了，才乖乖躺著，我們也才有時間聊聊。他漸漸也會收看我講經的內容，伴著漫漫的長夜，開始對經論產生興趣，思考著佛法與自己的生命。

二〇一五年四月家兄往生，人生苦短，世間情長，世間無常而道有常，思及近六十多年手足相處的點點滴滴，我默默祈願家兄離苦得樂，往生善處！來生有緣，希望「與君世世為兄弟，更結人間未了緣。」如與二姊般，許願來生再結三寶緣。二〇一四年家兄贈我一尊〈水月觀音〉，觀音坐於弦月之側，自在悠閒，慈眼視眾生，深含家兄予我的無限祝福與鼓勵。

回顧出家因緣

常常有人問我：「師父，您何以有勇氣出家？」我總是反問：「你怎麼有勇氣結婚呢？」其實有些事情無法立即得到答案。在出家之前，我可說是完全不懂佛法的人，但總是想要出家，自己本來也會覺得疑惑。後來出家時間長了，深入佛法之後，知道發願是很重要的。

所謂修行，必然是在生生不已的生命之流中的持續，目前所修的不僅是眼前這一輩子而已，今生不過是宿世累積的結果，如果過去世曾經發願出家，今生無論如何，出家的因緣就容易成熟。但是今生的努力，如果發願來世繼續出家修行，又將成為來世出家的果報。想要未來世走得平穩，再得人身，唯有今生努力於向上、向善的道心道業，來世才肯定有機會繼續出家，常隨佛學。

細細數來，我出家的因緣應該有幾個可能，都是一段段滿載回憶的小故事：

幼時的佛法沐浴

最初的因緣應該來自一九五五年家父應邀為星雲大師「宜蘭雷音寺念佛會」塑造阿彌陀

佛立像，家母跪坐在一旁，抱著襁褓中稚嫩的家兄充當模特兒時，我正悄悄地入胎來到了世間。

此外，童年時最深刻的回憶就是隨著外婆搭火車來回穿梭於臺北與宜蘭間。每每回到宜蘭阿姨家，晚上總是跟著外婆到「宜蘭念佛會」念佛、繞佛。在家裡，外婆很喜歡拜拜，雖然我很小，但會讓我幫忙盛水、拿東西去供佛等等。外婆禮佛、敬神、敬天地的虔誠，熏習著我童稚之眸，讓我難以忘懷。

外婆常帶我去臺北市行天宮，記得有穿藍色袍子的師姑，在香煙繚繞間轉來轉去；供桌上總有一團團甜米糕，上面裝飾著一粒龍眼乾，還有人在講道，我雖然聽不懂內容，然而心中浮出一個念頭：「我以後也要講道。」

臺北市弘法院是新竹法源講寺的臺北分院，我經常隨著外婆參加法會。二十歲出頭，我就喜歡拜《梁皇寶懺》，對《梁皇寶懺》有一種親切感。雖然那時連「阿耨多羅三藐三菩提」都念不來，覺得這一串字真長！有些懺文含義也不明白，但就喜歡跟著念。

大學時期的萬佛城因緣

剛上大學時，家父為宣化上人「美國萬佛城法界大學」籌辦「新望佛教藝術學院」，回來為我們分享出家人的威儀，讓我意識到出家人也可以是學問淵博的學者，開始嚮往出家生活。

一九七九年大三升大四的暑假，外婆罹患骨癌，在家中療養，口中總是喃喃地念著「我要到寺裡、到寺裡……」正巧父親的祕書回臺南，帶著開元寺的會智法師北上，無意間來到家中，見狀提起開元寺正好設有慈愛醫院，建議不妨送外婆住慈愛醫院，又在寺院範圍內，不正是兩全其美？

我們一家人就決定護送外婆到開元寺住慈愛醫院，我自願輪大夜班。剛開始半夜三、四點鐘，聽到隔壁開元寺起板，我立即到寺中跟著做早課，雖是生平第一次聽到梵唄唱誦，卻感覺非常熟悉，彷彿過去世的習性，悄悄地透過耳根傳到今世來，喚醒宿世的善根因緣，沒想到三、兩天下來，竟也能朗朗上口。

整個暑假我陪著外婆在慈愛醫院，開學前外婆往生了，停靈於塔廟前的歸西堂，半夜我們兄弟姐妹及表兄弟姐妹共同為外婆助念，我敲著木魚、念著佛號，在念誦中彷佛見到一個畫面——穿著海青的人群正在跪拜禮佛。

外婆生病的期間，全家對於佛法都是陌生的，為了治好外婆的病，我們不能免俗地參考親友提供的各種偏方。例如我們曾抓過青蛙來治病，現在回想，那都是殺生啊！又有人說念大悲咒就能好轉，全家人趕快把大悲咒背起來，所以迄今我們對大悲咒還有深刻的印象。那時心裡亂紛紛，一聽到有可能救治外婆的方法，就當作一個希望立刻實行，惟恐漏掉任何救命的機會。

那時全家沒有可憑藉的核心思想，對佛法不理解，親友提供的都是世間法，在這樣的氛圍下，要對佛法產生信心也很難。多年後，經過佛法智慧觀照才明白：「如果是正信佛教，不會用這種殺生的方式來救命延命，正法是要我們去面對它、接受它，心裡要有所準備，生死不是用偏方或動物替代就能解決病苦的，唯有佛教才能真正徹底解決生死問題，面對生死、接受生死。」回憶起往事，我更強調正信佛法的可貴與不易。即使到今日，臺灣社會對宗教信仰能有正確觀念者還是不夠多。

暑假過後，我決定開始吃素，讓家人大吃一驚，因為我自小不愛吃青菜。開學後，我每星期從家裡帶著一鍋素菜滷味到宿舍，同學們都瞠目結舌於我的改變。

俗世情感的牽絆

祖父母年輕時郎才女貌，是一對標準登對的夫妻，不知道羨煞了多少人，兒子們都是才華橫溢的藝術家，但是祖母曾經偷偷告訴我，她從一結婚就非常後悔，倆人的相處著實不易啊！

再看看家父、家母的婚姻，自小就被指定婚姻，兩人性格南轅北轍，若不是雙方的父母刻意促成，而家父想要跟隨祖父母到北京也就答應了，等到長大成人時，失去自由戀愛的權利，當年為了實踐諾言，從北京回臺灣結婚，卻也因此免了一場浩劫，人生的機遇與因緣，實在是很複雜難測，眼見至親的婚姻束縛，讓我心生恐懼想避免婚姻，也因此萌念出家。

後來，從小在外婆身邊長大的我，對外婆的感情比家母更親密，在她往生後，讓我悲痛逾恆，想著世間不管做了多少的努力，終歸難免一死，真不知道生活的意義何在？一九七九年接觸了臺南開元寺，更加深出家的念頭。

正巧當時祖父母回到臺灣家裡，我依偎在祖母身旁，成了心中最大的安慰。私心想與祖母共處，我一面帶著祖母到處巡視工地，另一面又請教祖母許多人生的經驗與智慧，當時奔走於花蓮和南寺〈造福觀音〉工程、臺南開元寺的古蹟修復、高雄元化院的庭園與雕塑工程、彰化宜興工業吳老闆的別墅藝術工程等，這段時間是我與家父及祖母難得相處的美好時光。但是好景不常，一九八三年祖母終究撒手西歸，面對無常，出家的警鐘再度響起，下定決心出家後，經過兩年半的考驗，完成手邊臺北市「靜觀樓」、埔里「靜觀廬」及工作室的工作，一九八六年終於出家了。

得到家人支持走向出家路

一九八三年祖母過世，我感覺自己出家的因緣已經成熟。我不顧一切，什麼都不要了，只想要出家，沒有人可以阻擋。當時家裡的事業還算不錯，家中大小事情也都是由我安排，兄姊們訝異「妹妹竟然把自己安排出家！」

當時因為很多工作還沒完成，我決定把出家時間往後延，罣礙未除，我也不能立即離開家庭。於是跟法源講寺真理法師商量，延了兩年半，等到一九八六年初再正式出家。這兩年半之中，我常常出入法源講寺，週末親近佛寺，週一再回臺北，當下總是有一股力量讓我不想回家。

往來家裡與法源講寺兩年多的時間，我是理性看待出家這件事，而非感性的衝動。一般來說，都會以為出家因緣的成熟多出於感性，感性往往都偏向理想化。我將這段時間視作考驗，審視自己是否仍保有出家的初心？如果是，那出家之後將會比較穩定；如果時間到並不想出家，也會感到慶幸沒有衝動。

另外還有一個因素是希望累積足夠社會經驗再出家，會更有能力處理寺務。我當時看到一般出家師父個性都很單純，沒有社會經驗，即使吃虧多半不敢聲張，默默隱忍。反思自己，我若是大學畢業就出家，也一定沒有經驗處理寺院內外事務，所以我延後幾年出家，多汲取經驗，當遇到事也不至於不知所措。

這兩年多時間，一方面將尚未了結的事情做個結束，一方面也是給家人有個緩衝時間，使他們能慢慢接受我出家。剛開始拋出出家的訊息時，沒有人相信；等到時間愈來愈近，家人才明白，我是認真的。因為我是家中事業的得力助手，很多事情都是由我安排處理，主要是因為我比較理性，做事情有條不紊，且有家父和師友可以求教。我在家的那段時間，家父萬事不煩惱，因為有一個務實的助手。因此家人不太能接受與相信——「我永遠的離家，出家去了」。

我的出家，對於家父是一個遺憾與矛盾，除了家兄，我也可以繼承家業，但是家父尊重我的意願，讓我順遂地走上出家這條路。家父說過，出家曾是他的心願，所以我出家，也算是完成他未竟的心願。

在理性上家父不反對，他也認為出家是好事，但在情感上難免不捨。我原本想在一九八五年底的農曆除夕前進入法源講寺，在新春法會中剃度出家。當時我告知家父這個想法，家父說：「你除夕就過去，我們這個年怎麼過？」為了這句話，我考慮到不要因為自己而讓全家人難過年，所以延後半個月，元宵後才出家。

有了這段緩衝的時間，過完年後，家父以及兄弟姊妹都陪我上山。兄弟姊妹沿途不斷挽留我，但出家畢竟是個人的決定，「吾往矣！」的念頭不曾退卻。我記得我當時做了張卡片，寫著「青燈木魚下，一個新生命的開始！」家母在我出家前幾年數度中風，一直在埔里家中養病，也在我出家後兩個多月過世。

說實在的，如果我沒有出家，會一直跟在家父身邊，一生幸福無憂無慮；但出家這件事情讓我覺得更重要，當初並不曉得出家之後能做些什麼，但是我依然堅持。而這堅持，迄今無怨無悔，今生依然發願：「世世以女眾身出家。」因為比丘尼的身分比較親切，與眾生距離能更接近。我知道這是宿世的因緣，來世回到人間，依舊會出家為比丘尼，實踐「不忍眾生苦，不忍聖教衰」的悲願。

第二章　佛法，父親的藝術生命

家父平日非常沉默，但講到他的藝術興趣，就會侃侃而談，笑聲爽朗，充滿赤子之心。家父終其一生，對於藝術創作充滿熱忱，我經常慨嘆自己是出家以後，才理解到佛法思想是家父創作的活水源頭。

在北京的宜蘭楊氏

前章已提及林今開先生曾經到中國追溯楊家的家族歷史，直到祖父這一代在宜蘭已是望族，但因祖父是二房的孩子，比較沒有發揮餘地，祖父母不想只待在宜蘭，就到大陸去經商，家父則被留在臺灣。

父輩四兄弟手足情深

祖父在北京開戲院，這方面來說，和藝術蠻有淵源。家父小學在臺灣受日本教育，畢業後，祖父無論如何都要帶他前往大陸，在北京日本中學完成學業，接著去日本國立東京藝術大學讀建築。他曾鍾情日本文化，但日本教授告訴他，日本的強盛來自於中國文化的關係，所以他轉移目標，更關注中國文化。

家父與兩位叔叔成長在北京大宅院，院落寬廣，環境非常好，他們是實際體驗過北京文人生活，三兄弟都非常斯文。在北京宅院裡，設有圖書館與畫室，還請了日本畫家來教畫。家父在成長過程中很有福報，經歷過中國文人的家庭生活。

祖父母有四個兒子，家父排行老大，前三個兄弟在臺灣出生，但都在北京受教育，老四陳英哲是在北京出生，卻帶回臺灣，過繼給祖母的弟弟（陳朝枝），可以說真是人生如戲！祖父母先在上海開碾米廠，後來去北京開戲院，接著又到東北發展，主要是受到日本偽滿洲國影響。後來三叔楊英鏢去上海念同濟大學，家父與二叔都回來臺灣結婚，只留三叔在他父母身邊。

二叔楊景天年輕時是一九七〇年代臺灣廣告界前輩，那年代沒有什麼廣告公司，便跟家父的「呦呦藝苑」合作了一陣子，繼而自己開廣告公司，之後就移民到美國。一九八〇年代大陸逐漸開放，祖父母也以二叔的海外關係申請依親，先到了美國，爾後才又回到臺灣。接著三叔也從大陸申請到日本，我大學畢業時，曾經和家父的朋友片桐校長一起到日本東京、大阪旅行後，還帶了祖母準備給三叔的東西，搭火車到三叔在金澤的家。

四叔的爸爸（陳朝枝）一九五〇年代曾經當過宜蘭市市長，配有一輛三輪車，偶爾我們也會搭他的三輪車去玩。祖母與她的三姊（外婆）非常照顧自家的兄弟姊妹，弟弟沒有兒子，祖母便將自己的么兒（四叔英哲）過繼給他，又讓自己的長子——家父楊英風，娶三姊的女兒，也就是家母，兩家親上加親。因此家父於一九四七年回臺灣結婚，當時外公生病，需要家人照料，他跟家母無法再去北京，而留在臺灣。

祖父母走過文革平安回臺

大陸淪陷後，與祖父母兩岸相隔，直至一九七九年，祖父母終於回到臺灣。

祖母在四年後往生；祖父身體比較好，他八十歲回臺，在臺灣生活十二年，一九九一年過世，享年九十二歲。祖父算是一位企業家型的人物，但是遇上一九四九年的戰亂，英雄無用武之地。家父在北京就讀中學、大學時期（約一九三八～一九四七年）寫了十一本日記，大陸淪陷後，文革時期，祖父母冒著生命危險把那些日記藏在牆壁縫隙中才能保留下來。一九八一年，三叔輾轉從大陸帶到日本，我去日本時，又將其帶回家父手中。祖父母回臺灣後，曾經說當時連家裡的房契、地契都無法保留，愈是地主階級被批鬥得愈厲害，為了生存，他們只好將一張張地契放水流，可見這十一本日記保存下來有多不易。不過祖父母回臺灣時，倒是不太提起文革這段泯滅人性的慘痛歷史。

父親的藝術創作路

家父在北京讀日本中學，爾後留學日本。因為時值第二次世界大戰爆發，東京大轟炸，危在旦夕，祖父母趕緊電召家父回北京。回到大陸後，當時想進入北京清華大學讀建築系，卻又還未復校，只好讀北京輔仁大學美術系。

抱憾未讀建築

一九四七年家父回到臺灣，一直想去讀成功大學（當時的臺南工學院）建築系，但正好生病，最後沒能趕上考試。這是成大建築系創系六十週年時，系上一位學長找到相關文獻資料告訴我的。原來父親當時寫信給教務處，表示他因生病，沒來得及應考，很希望能夠先去就讀，之後再補考或追認學分，不過校方沒有答應家父的要求，最後只好就讀師大美術系。當時值遇張大千、溥心畬大師任教於師範大學，所以家父也學國畫，只是並不多。

家父讀師大時，遇到「四六事件」。一張〈漏網之魚〉的版畫作品，敘述他逃過一劫的驚恐。事發當天，家父正好回去宜蘭掃墓，家中親人多留他住了一晚，翌日早上，他從宜蘭回到臺北車站，照平常習慣，準備搭三號公車到師大，竟然發現停駛。他只好走路回學校，還沒進校門，就看到學校已經被軍隊團團圍住，一部一部軍用卡車駛進校園，將大學生們一個個丟上車，抓去軍法處審判，家父正好被阻擋於重圍之外，而他的同學嘉義布袋人涂炳榔，則被監禁了十年之久。事過境遷，家父慶幸自己是「漏網之魚」，曾作版畫以紀念，一九九四年家父在美國，又將此作品用電腦合成電腦版畫。

雜誌的鄉土創作

家父進入師範大學就讀一、兩年後，家中經濟愈加困難，還好藍蔭鼎先生介紹他到農復會的《豐年》雜誌社工作。家父的版畫〈自畫像〉似乎宣告了自此放棄學院的學習。他在雜誌社工作了十一年，當時李登輝、蔣夢麟先生都在農復會。家父就讀師大前，也曾一度在臺大植物系工作，從事手繪植物標本，這是一種美術訓練，同時也能賺取工資養家。

家父在農復會十一年當中，跑遍了臺灣每個角落，因此他留下許多關於臺灣各地鄉村的資料，是非常鄉土的寫實紀錄。《站在鄉土上的前衛》這本書，蕭瓊瑞教授依據家父的資料而編輯。《楊英風全集》裡面，收集《豐年》雜誌的各期封面，以及指導農民怎麼種米、種菜、養豬、牧牛的圖示，都是以圖畫的方式來教導農民，農民大多識字不多，都是「看圖說故事」，圖畫就變得很重要。一九五〇至一九六一年，豐年社在過年時會出版大海報，隨著雜誌一起發送，讓農民貼在家門口，保佑平安，〈五穀豐收〉、〈媽祖〉、〈神農大帝〉等都是家父的作品。那個年代資訊相對封閉，《豐年》雜誌是提供臺灣本土資訊的重要雜誌，而《世界畫報》則是為臺灣打開國際視野的一扇窗口。

農復會是美援時期的公家機關，經費充裕，也因為美援，家裡度過一段安定的生活。家父在《豐年》雜誌社負責處理所有的美編、漫畫與宣傳海報，包括指導農民如何養豬、牧牛等，都以《豐年》雜誌來傳達。由於在北京已經受過扎實的美術訓練，因此工作起來得心應手。

家父屬牛，一直有著不停工作的傻勁；朱銘先生也屬牛，他們兩人都以臺灣牛的精神勉勵自己，不斷地耕耘。家父特別喜歡牛，他的早期作品當中，以牛為主題者很多，包含繪畫、版畫及雕塑。

在農復會期間，家父也因為當時受到故宮莊嚴院長的提攜，有機會進入霧峰的故宮庫房，從事古物研究，更引發他對中國文物的喜好。

貴人的協助牽線

一九五七年家父到國立藝專教書後，接了日月潭的浮雕工程，得到省教育廳長劉真的賞識。一九九七年家父過世那年，我正好在報上看到一篇文章，內容是講劉真先生的愛才。家父曾經找劉廳長，請求能否有個創作的空間，因為他雖是學生，但看來就是老師，年紀比較大，經驗豐富，又讀過東京藝術大學與北京輔仁大學，只是沒有讀完，劉廳長撥了老師宿舍給他，讓他得以創作。家父一直有提攜他的長輩貴人協助，如劉真廳長、于斌樞機主教等。

至於家父和于斌樞機主教的因緣，則是家父接受于樞機主教的請託前往義大利梵蒂岡，感謝教皇幫助輔仁大學在臺復校，因此得以到藝術之都羅馬留學超過三年之久。雖然是這樣道地的西方文化學習，家父並沒有迷失在歐洲的藝術殿堂中，反而更深地體會到東方文化的可貴，更具有信心走出一條具有中國文化特質的國際路線。

文人風骨捍衛中華文化

父親在羅馬那段時間，對他的影響非常大，一般人都會以為只有義大利羅馬才是藝術文化的殿堂。但家父實際在地學習之後，他回頭肯定的還是中華文化。我們小時候也受他的影響，從其言談中窺探了東西方文化的差異。

家父是到羅馬後才開始學外語、適應當地環境，他在羅馬入境隨俗學會喝紅酒，但回到臺灣又滴酒不沾。

家父是一位非常理性的藝術家，很道地的文人風骨，這是比較特別的地方。因一般藝術家大多感性，但家父卻非常理性，所以他的很多作品，都蘊含深厚的哲理，包括佛學思想、中國儒家思想。

那個年代很多人移民，他說：「我不當次等公民。」新加坡當時正在開發中，唯才是用，家父身為藝術家，有多項作品名揚國際，移民機會唾手可得，但是家父一再強調，他不要移民，寧可在中華民國臺灣耕耘這塊土地。他是捍衛中華文化的人，典型的文人風範。

一九七〇年，家父代表中華民國參加日本大阪博覽會，創作一件鋼鐵製的景觀大雕塑〈鳳凰來儀〉，矗立在貝聿銘建築師設計的白色中華民國館前，大紅鳳凰以黑色襯底，彰顯雍容古雅的含蓄美，得到極大的迴響。一九七四年家父再度代表中華民國設計中華民國館，並結合整體性的景觀大浮雕，參與美國史坡肯（Spokane）博覽會，而後中華民國退出聯合國後，就再也沒有機會參與世界博覽會了。

我認為家父本身具有很深厚的中華文化基礎，一方面是因他真正深入雲岡石窟探究；再一方面是當時故宮博物院剛遷臺時，莊嚴院長特別讓他進霧峰庫房就近觀看文物。這兩大寶藏對家父藝術創作的影響非常大。

專職藝術家生涯

家父的工作除了《豐年》雜誌的正職與國立藝專教書之外，平日就致力於雕塑、版畫、繪畫的創作，當接到日月潭教師會館的景觀大浮雕案子，他再也忍不住內心的呼喚：「要當專職的藝術家。」但是光靠藝術怎能養家？尤其那時候六個孩子陸陸續續出生，加上奉養外婆，等於有一家九口，全都要靠他一個人的收入。所以那時候家母很擔心家父把這份優渥的工作辭掉了，沒有固定的收入，全家恐怕無以為繼。但是家父依然順從自己的抉擇，毅然決然捨棄安定的收入，順著內心的呼喚，自由揮灑開展更寬廣的創作視野。

家父是位非常努力創作的人，呈現於外的作品腹案很多，但是其實能完工實現成品的種數，不到總作品的十分之一、二，也就是說創作過程中，失敗率非常非常高，很多理想最後是胎死腹中的。

整理《楊英風全集》三十巨冊時，保留許多他未能實現的作品紀錄，期待未來有機會完成，大師的眼光，總是超越一般人好幾十年。家父的資料非常多，又善於保存，歷史學家蕭瓊瑞教授說家父也像個歷史學家，我們搬過幾次家，遺失很多文件，但還是留有相當多的資料，甚至父親小學時字體工整的日記、功課表等也都保存下來。父親努力的身教與言教影響著我，出家以來所做的紀錄，也幾乎都保留下來，成為編輯《覺風三十》年鑑的主要資料。

父親的藝術生命歷程

受到雲岡大佛的震懾

一九四六年家父第一次到雲岡石窟，就被震懾在大佛的腳底下，驚歎於佛像雕刻的莊嚴高偉，自此與「魏晉美學」、「佛教雕刻藝術」結下不解之緣。當時他就讀北京輔仁大學美術系，一九四七年回臺灣後，家父一直提倡、追求的造形藝術，主要是受到雲岡石窟北魏時期的影響，屬於北方非常雄壯豪邁的氣勢。他展覽會的標題，曾是：「向來回首雲岡處，宏觀震懾六十載。」原來影響他六十年的創作活水源頭是來自於雲岡大佛。家父所有佛像的作品，幾乎都脫胎於雲岡，離不開雲岡大佛的氣勢與風格。

雲岡石窟在形式上一方面受到佛法的影響，另一方面又是北方民族的厚實風格，整個氣勢非常宏偉。其實佛教意涵內蘊深厚，那是一股累劫宿世修行的力量所孕育出來既寂靜又雄偉壯闊的氣勢，乃源於佛法深沉的法義。家父常說，中國歷代佛教造型，北魏時代的最好；佛教藝術的專家學者也說，北朝的最好，魏晉南北朝時期相當質樸。

以花的成長比喻：隋唐時代已經是巔峰狀態，如同盛開的花朵，但璀璨後卻要面臨凋落，而魏晉南北朝是屬於盛開前含苞待放的花朵，雖然還沒有完全綻開，卻更具有生命力。那個多元化的時代有如海綿般充滿生命力，將佛法的精神融合其中，並匯聚磅礡的中華文化底蘊而逐漸成熟。因此家父對雲岡北魏不具任何裝飾的質樸氣息，有著深厚的體悟。

一九九七年家父往生後，我去拜訪星雲大師，他說：「令尊創作的藝術品雖然不全是佛像，但卻是充滿佛性的創作。」我常常覺得家父的藝術創作隨手拈來，好像掘到泉源，能夠不斷湧現。出家後才知道，原來家父作品的創作源頭都來自於雲岡石窟的佛法思想。

佛法思想是創作活水

日本的水野清一專業團隊過去在雲岡石窟拍攝非常大量而詳細的雲岡相片，以及實地測量了建築空間與佛菩薩像的剖面圖、立面圖、平面圖，這些詳實的資料珍藏於中央研究院。家父因為深受雲岡大佛的影響，再加上精研過日本團隊的專業資料，於是他仿刻第二十窟的大佛像。後來家父所有的藝術創作，幾乎都從這一尊佛像開展出來，這尊佛像也開啟了他這輩子的善根因緣。因此國立歷史博物館剛開館時，也邀請家父仿刻古物，除了佛像以外，還有古塔模型、盛唐的仕女像等。

我發現家父開始創作佛像後，雕塑人體的線條與造型也跟以前不同，感覺更加溫和與悠然自得。而裸女系列大概從一九五八年之後就不再做了，逐漸走上抽象的風格。

一九五九年他創作了〈哲人〉，參展歐洲第一屆「法國巴黎國際青年藝術展覽會」獲得佳評，被法國《美術研究》雙月刊譽為「指導世界未來雕塑方向之大師」。〈哲人〉是家父的代表性作品，他認為世界上最偉大的哲人就是「佛陀」。而在一九五六年〈仰之彌高〉的佛像作品，具體呈現的眉間白毫、頂上肉髻、雙耳垂肩、披著袈裟的宗教特質，在〈哲人〉身上已經將這些具體的特徵轉化成無限神聖的意境，雖然這與人們膜拜的佛像形象有相當的距離，但就創作而言，這是作者想表達內心對佛陀無限的崇敬。

〈哲人〉有兩對心靈之眼，一對眼睛對外觀看，一對眼睛則是自省內觀。家父創作當時也在研究青銅器，故又加上青銅器常用的乳釘紋；製作青銅器在翻鑄的時候，都要有乳釘紋，才能夠脫模。另外佛陀頭頂突出的肉髻在〈哲人〉省略了，因為我們凡夫從低的果位，仰望至高無上的佛陀是看不到頂上的肉髻，因此達於成熟的理想作品，即是〈哲人〉。

家父的「景觀雕塑」的「觀」，是內觀的意思。在深沈內觀之後，表現外在的造景，名為「景觀」，以雕塑表達，稱為「景觀雕塑」。「景觀雕塑」的雛形，源自〈哲人〉的創作經驗，這是由家父創始，不同於西方為環境而造景創作，缺乏修行的內觀思惟，亦不同於後來近代的「公共藝術」。

當年家父毅然決然離開豐年社，主要是為了完成日月潭的浮雕作品。那時正好進行塑造法濟寺、法源講寺的佛像，法濟寺的佛像氣勢很宏大，背景就是千佛與飛天，我這段時間常常隨著家父到寺院去。一九六三年家父完成法源講寺華藏寶塔二樓的〈文殊師利菩薩像〉、三樓的〈釋迦牟尼佛跏趺坐像與菩薩、飛天背景〉。

家父早期的殷商系列，最為大眾所知的是一九六二年設計的「金馬獎」獎座，金馬獎是全球第一個華語電影獎項，舉辦至今將近六十年，由於家父為獎座設計者的因緣，每屆金馬獎頒獎之前，我們都能提前知曉獎落誰家。

而在抽象雕塑作品方面，當時家父的靈感來自於書法中國文字線條，例如〈如意〉和〈力田〉兩件作品，都是將文字形象抽象化，每個角度都表現出書法流動的線條。一九六〇年代初，他的雕塑技巧已經非常純熟，一九六六年從義大利回臺之後，他就展開了花蓮太魯閣山水系列的刀法。西方雕塑一向離不開人體，從來不懂得如何雕刻山水、風景、太陽、月亮、宇宙，甫自義大利學習西方藝術的家父，卻創造以山水為意象的「太魯閣系列」，太魯閣系列已超越西方的思維模式。「山水系列」則源自於中國文化的薰陶，是他的代表作之一，後來又結合「太極」的虛實，作品展現出更大的空間，從身形手式可以感受到氣韻的流動，把看不見的氣，依稀成為真實的存在。

在藝術中體現佛法

從家父的創作過程中可以看到早期繁複、寫實，但慢慢地反而捨棄很多東西，到了不銹鋼作品就顯得非常簡潔，當簡潔到一個程度時，反而含藏更豐富的內涵。所謂的含藏，不是材料複雜，而是意象內容上深沉的內涵、思想，潛藏著佛法的緣起性空。所以他透過佛法來表達，可以悠遊其間，塑造出來的感覺，看起來很簡單，但有很深的內涵。有些人看家父的不銹鋼作品以為很簡單，圓的、方的，只是湊來湊去，如果沒有很深厚的創作理念，是無法長久湊合，也變不出花樣，僅僅外形的變化，只能拼湊很簡單的形式，無法源源不絕地創作出意境內蘊深厚的作品。

家父對鋼鐵、不銹鋼非常有興趣，傳統的素材與技法，他已經做得非常好，便更進一步努力突破，運用新的材料來雕塑。〈鳳凰來儀〉是家父為大阪世界博覽會臨危受命的創作，葉公超大使向他發出邀約時僅表示，作品要能夠代表中華民國。在短短的五個月內，從構思到完成，這件作品算是家父在國際間很重要的定位，他把堅硬的不銹鋼，裁剪出如剪紙般的細膩，使剛硬冰冷的材質化為綿延溫暖的視覺效果。

中道不二的法性觀念，在〈喜悅與期盼〉作品裡展現無餘。從半個地球看太陽、看月亮，看到太陽聯想到龍的眼睛，看到月亮是鳳的眼睛，所以可想見龍、鳳有多大！阿彌陀佛的〈讚佛偈〉：「白毫宛轉五須彌，紺目澄清四大海。」當我們看到大海會想像那僅是阿彌陀佛眼睛的一小部分而已，可想見佛身有多麼高大！白毫一轉就是五個須彌山的大小，如同我們站在地球不管是看太陽還是看月亮，不管白天還是黑夜，以學佛的角度是平等的，黑夜是黎明的開始，日落後又將是黑夜的來臨，周而復始，永遠充滿了喜悅與期盼。

家父順著時代的脈動，一直是創新的前鋒，一九九三年他採用航太科技的鈦金屬，就是飛機機身先進的材料完成〈和風〉。一龍一鳳的意象，表現出陰陽調和。鈦金屬不發亮，有點霧面，製作技術不同往昔，卻把作品變得非常簡練。

家父由真華法師引領，在一九九〇年皈依印順導師，法名「宏常」。家父生活非常簡單，基本的食衣住行外，沒有任何不良嗜好，從來不挑剔飲食、衣物等，個性柔軟慈悲，剛毅智慧，寬宏大量，具宿世善根，但福報不足，生活艱辛。可是他從不被現實所打倒，不被失敗所屈服，一直以非常正面的眼光看待一切，這是他生命中的最大力量。他給我最大的影響，就是在任何艱困的環境中，始終保持一顆樂觀進取的心，轉化為正面的力量，加上對佛法的體認，實踐在生活與創作中，這無疑是對我最貼切的身教。

家父畢生的創作豐富，文獻資料幾經遷徙多少有遺失，但留存者依然汗牛充棟，並足以見證近代臺灣美術史。在國立交通大學張俊彥前校長及多方協助下，成立了「楊英風藝術研究中心」，我想這是保存家父一生創作的最佳方式。

第三章
披剃法源講寺，邁入第二人生

我於自小出入的法源講寺出家，為我剃度的是覺心長老。他得知我的出家意願深感意外，因為我是他藝術家好友、方外至交的女兒，藝術家竟然捨得愛女出家！覺心長老看著我長大，他也沒想到我在事業順遂、經濟無虞之下，竟然願意跟著他出家，驚訝中含著喜悅，喜悅中更帶著期望。可惜的是，我出家前與他結緣很長，出家後結緣甚短。

出家前兩年半間，因為祖母過世的佛事交給法源講寺處理，故而與真理法師很熟悉，家父又陸續為法源講寺完成法堂中的佛像〈毘盧遮那佛〉和東壁銅浮雕〈觀音說法圖〉；戶外庭園的作品則融合中國現代庭園造景，創作十公尺高的景觀雕塑〈三摩塔〉及不銹鋼作品〈天地星緣〉。雖然出家後離開家，離開父親身邊，但在家父的作品中出出入入——低眉慈視的佛像，依稀傳遞著家父的盈盈關懷；佛像飽滿莊嚴的精神，彷彿照耀著家父殷殷的期品都是我的手足，日日照見。

許。我並未有離家的落寞，思家的惆悵。家父說全部作品都是他的孩子，因而法源講寺的作

了卻宿願的第二人生

出家前，我的心中曾浮現過一個畫面：我冥冥中覺得即將要臨終，心裡非常遺憾，遺憾這輩子竟然沒出家，心頭一驚一愣！無限惘然，無比的心酸。醒來後，特別牢記這番滋味，警醒著自己：今生千萬不要忘了出家，免得臨終徒留遺憾。

我一向主張應在年輕力壯時出家，才有力氣探尋深奧的佛法；我更願來生仍然童真出家。如《大智度論》第三十五品所云：「以是故，菩薩應作童真，修行梵行，當得阿耨多羅三藐三菩提。」

剛出家之後，有半年我專心於抄經，抄經是我從在家人轉成出家人，在心情上一個很好的轉化。我抄的是《八十華嚴》，經文是書法體，每誦《華嚴經》，彷彿時時處處入於法界，諸佛圍繞，誦至深刻處，覺得不抄寫經文實在辜負佛陀與翻譯者。我用毛筆抄，抄了十幾卷，每天最高興的事就是抄經，一筆一畫中，一句一段裡，如親臨聖教。

剃度恩師覺心長老

覺心長老是臺南鹽水人，早年遊學日本，一九四〇年巧遇斌宗大師於日本岐阜縣美濃清泰寺，欽佩仰慕上人莊嚴德相，同年七月返臺後，皈依為上人弟子，賜號覺心，一九四一年赴福建鼓山湧泉寺受具足戒。此後印心（慧嶽）法師、覺心法師二師，未曾遠離斌宗大師左右，追隨上人到處說法，親炙大師受業學習，奠定深厚的佛學基礎。直至一九五八年斌宗大師圓寂，覺心法師殷念師恩，發心建造斌宗法師舍利塔——「華藏寶塔」。

覺心法師本來就雅好美術、品味不俗，為使華藏寶塔更臻完美，訪尋名家。一九六一年在日月潭教師會館與家父相遇，請他為法源講寺塑造佛像，由於兩人年齡相仿（法師長家父兩歲），生長背景類似，都是正值壯年期之社會中堅的精英分子。他們相遇、相知而相惜，相互學習對方所長，互補不足，進行佛教與藝術之交流。二人深交近三十年，法源講寺因此藏有家父大量的佛像及藝術品，加上環境空間之規劃，使法源講寺成為藝術氣息濃郁的寺院。

一九六〇年覺心法師建築華藏寶塔，建築營造的風格可看出其施工精緻，塔中並配以家父作品，建築因此更具生命力。一九六三年寶塔完成，繼續進行前棟大殿的興建，後於一九七二年完成。期間由於經費拮据停工數次，歷時達九年之久，但卻一如既往堅持對材料、品質之講究。幸虧外婆發心，讓家父義務完成華藏寶塔內二樓〈文殊師利菩薩像〉水泥浮雕、三樓〈釋迦牟尼佛跏趺坐像與菩薩、飛天背景〉的水泥雕塑及浮雕、大殿水泥仿銅〈釋迦牟尼佛像〉，及彩色磨石子地面〈法界須彌圖〉，覺心法師將佛法思想結合家父佛教藝術創作之造詣，留下了歷史性的見證。

一九七五年我準備大學聯考時，掛單於法源講寺一個多月，覺心法師寮房內經常傳出古典交響樂，尤其是日本交響樂團的《涅槃》曲韻，特別有餘音繞梁三日之美。覺心法師生平對佛教建築、音樂、藝術的涵養，造就法源講寺早期融合宗教與藝術之美。法師常戴著墨鏡，騎著偉士牌摩托車，聆聽古典音樂的形象，打破我對一般法師的刻板印象。

我初入佛門對佛教藝術興趣濃厚，本以為是受家父的影響，幾度思量：「推廣佛教藝術是興趣？還是使命？」許多人認為佛法不著相，佛教藝術與修行無關，尤其以出家身分推廣佛教藝術工作，更令人覺得不務佛法正業，吃力不討好。

直到我釐清原來法源講寺的法脈與佛教藝術，甚至與修行都是密不可分的，這才義無反顧，全心而行，擔負起推展「佛教藝術」的使命——立足於佛法思想修行的深邃基礎上，以佛教藝術發揮佛教文化的教育功能，並以此行菩薩道利益眾生。法源講寺的道風是以講經說法、深入經藏為主，佛教藝術的推動為輔，相輔相成地傳承起佛教文化的社會教育使命。

回首看法源講寺的傳承——師祖妙禪長老、師公斌宗法師、師父覺心法師，三位法師都是道地的臺灣僧人，都曾參學大陸、留學日本，爾後都回到臺灣奉獻所長。三位不僅深具佛學基礎，且與藝術關涉甚深，妙禪法師精通書法、繪畫、建築、雕塑；斌宗法師自小天資過人，熟讀詩書，擅長書法，是著名的「詩僧」；覺心師父則對藝術之追求甚為積極，為了法源講寺之建設，遍訪名師，與家父結下亦師亦友的深厚交誼，維繫他們的就是佛教與藝術理念之相契相融。

更巧的是，家父也與三位法師具有相似的學習脈絡，同樣是臺灣人，參學大陸、留學東瀛，經過泱泱大國之洗禮，眼界寬廣深遠，造就扎實的文化根柢，再經日本細密嚴格訓練，開展廣度的文化視野。可說經過相同之心路歷程，集優點之大成，也難怪家父與法源講寺的因緣深遠而悠長，更影響了我出家選擇的地點和弘法的軌跡。

一九八六年我依止住持覺心法師披剃出家，法號「寬謙」。彼時當家的仁慧法師早先皈依覺心法師，與真理法師同為師兄弟，我與他們屬同輩分；而兩位師兄所剃度的數名弟子，雖然比我早出家，輩分則在我之後，由此之故來自十方的出家師父依輩分排列為：大師父仁慧法師、二師父守悟法師、三師父燈明法師、四師父悟健法師、五師父真理法師、六師父真義法師、七師父慈融法師、八師父寬謙法師；其餘有許多「玄」字輩弟子，如證玄法師、慈玄法師、徹玄法師、默玄法師等，都算是晚輩。用這個方式將輩分區隔，也是五師父的用心良苦。於是我出家後被稱為「八師父」，家父也稱我「八師父」。八師父，就這樣開始了法源講寺二十一年的庭園建築、多元弘法、燦爛輝煌、酸甜交織的歲月。

初入佛門的淬煉

一九七〇年代，多數出家人大約二十歲左右就出家，像大師父等七位，而我三十歲才出家，就顯得太晚。因為愈早出家，可塑性愈強，學習能力愈高；在社會上歷練久了才出家，會有自己的一套做事方法，不易融入寺院生活。

僧團生活的窘境

其實不管幾歲出家，全得按戒臘來排序，年紀很大而戒臘低的人，也是要聽從年紀輕、戒臘較高的人，這就是對出家人的考驗之一。年紀大的人想出家，真的要有心理準備，出家後的早晚課誦、工作分配、食衣住行都是依戒臘而行。

我出家當年，很快就去受戒，因出家比較晚，總想腳步快一些。三十多年前，有人疑惑我為什麼大學畢業還要來出家，有沒有問題啊？當時大學畢業出家被視為是件稀奇的事，因為進入寺院，不論學歷多高、經歷多豐富，依然得照常出坡做勞務。

我在家事、烹飪方面真的做不來，但既然出家，一定得熬過大寮磨練，從傳統三刀、六槌開始。下廚房對我而言，簡直比登天還要難，煮飯之難，難於上青天，幸好有一位老師姑幫我忙，她是五師父的媽媽，每次輪到我到大寮煮飯，就拜託她當大廚負責炒菜，我當二廚，洗菜切菜、收拾桌面、刷洗鍋碗瓢盆都是我的工作。

除了大寮的工作外，法源講寺當時正在整理庭園環境，寶塔、階梯與周圍環境也都在施工，當石頭、樹木、吊車、卡車、怪手抵達院子時，還在大寮忙的我，只好拜託旁邊的人接手廚房工作，連忙從大寮飛奔出來處理工程，因為這些工程是很難請人替代的，我常想：「既然炒不了小盤菜，能否讓我出去炒大盤菜呢？」五師父對現代化的改革能接受與體會，我們尚能溝通，但具傳統觀念的師父們會覺得：「為什麼非得做那些工程，如果你連大寮的事都做不來，還能做工程大事嗎？」

後來趁著要整理大環境的機會，免去大寮的出坡，但還是常被人批評：「她又沒有經過大寮的訓練！」表示不從基層做起，就是資歷不完整，被批判是空降部隊，基礎不足，這是傳統佛教寺院生態的潛規則——齊頭式平等，而我認為應是立足點的平等——應該依個人能力分配工作，但以前臺灣佛教界普遍如此。當時我默默想過：「我不會煮飯，做別的來彌補不行嗎？」在傳統的法源講寺，我只能百依百順，任何出坡，我都得跟上。而我當時還有佛學院的課程，需要花很多時間備課，體力與時間都不夠充裕，但是我不甘於只做傳統的例行寺務，翻轉改革的念頭蠢蠢欲動。

為保寺內財產被黑道威脅

一九四〇年代，臺北信徒集資在國賓飯店附近購買土地建造「弘法院」，敦請斌宗法師講課。斌宗法師幾年後圓寂，由弟子覺心法師繼承住持，管理新竹法源講寺和臺北弘法院。

臺北信徒募款的餘款，覺心法師用在投資土地上，在南京東路與建商合建大樓，分得大樓其中幾層之後，就把分到的樓層出租。在四、五十年前，一個月可收二、三十萬的租金，累積了不少財富。

一九八〇年代，覺心法師將弘法院的土地與建商合建，但建商沒有資金，又回頭向覺心師父借錢蓋房子。不久建商週轉不靈，覺心師父才發現不但弘法院房子沒了，土地也沒了，師父一時心急病重，不久就辭世了。這是一九八七年的事，也就是我出家的隔年。

家師很會理財，但沒有人知道他很有錢。他平日相當勤儉，節省到即使在外面已過了用餐時間，他也不在外用餐，而是趕回寺裡，簡單以麵線裹腹。他在新竹青草湖附近買了幾甲土地，為免他人覬覦，就將這些土地分別登記在別人名下。他突然過世，土地財產來不及處理好，連弘法院都拿不回土地，更別說登記在私人名下的土地，就像煮熟的鴨子飛了。接下來誰去處理？常住的師父來自十方，只有我是覺心法師剃度的弟子，於是初出家的我，只好身陷複雜的官司與錢財糾紛。出家人被黑道圍住叫囂威脅，這真是不能想像的畫面！覺心師父為了與建商合建的事，丟掉生命，還讓剛出家的我，為了打官司，差一點命都沒了。我就像還沒轉大人的少年，立即得扛起所有沉重的家業。

建商有錢卻不願還錢，律師教我們要求對方簽本票，文具店買的玩具本票具有法律效力，是可以查封財產。問題是查封前，建商已經把產權移轉給太太，當時剛施行夫妻財產分開制，書記官還沒搞清楚就為我們成功查封，此時弘法院佛堂的蓮花，竟然大為綻放盛開，真是不可思議。等到書記官知道查封是有問題的，就催促我們快速結案，由我與五師父出面領錢。當時建設公司老闆大筆現金被查封，公司可能會倒閉，氣得找來黑道威脅。

我們於週六早上取款，前一晚我先將遺書寫好，剛抵達銀行，對方已經找了黑道圍堵在門口，露出兇狠的姿態。我們在書記官陪伴下到銀行依法執行，銀行開了一千多萬的本票，由五師父先帶走，她機伶地脫身。然而對方抓著我不放，粗聲惡語，一拳就打得鼻青臉腫。我從出生以來，何曾受過詈罵？何曾面臨如此不堪場面？

當時董律師的新辦公室開幕，無法來陪我，電話中交代我要與書記官一起回到法院。好不容易脫困離開，我與書記官搭上計程車，建商仍在後面緊追著；我和書記官下車後，跑進法院警衛室，對方就在警衛室外頭叫囂，衝著我叫喊，以後碰到我，一定要讓我死。我發現一身的僧袍，雖然受到三寶的福蔭，沒想到逃亡時，卻是相當不便。

法院外的黑道不肯放手，但是法院無法長時間保護我，我決定逃到律師那裡，律師辦公室在仁愛路福華飯店對面，我搭車到人多的福華飯店中，對方還是繼續追。我在飯店裡轉來轉去巧遇家嫂，她看我滿臉鐵青，我又不敢說出實況，最後趁機溜出飯店，搭上計程車直奔新竹。

我總算平安回到新竹，出家身心尚未安頓，得先安頓寺院的財產，這是世間法的纏繞，無可避免，也是我責無旁貸的任務。剛出家，一方面要到佛學院教書，一方面又要打官司，面對黑道、白道數年的威脅，真是險境重重，如強風吹襲，暴雨淬煉的險巇路程。原先是建商欠家師錢，但建商轉給太太的錢被查封還給法源講寺，最後變成我欠建商太太的錢，往後十五年，我名下不能有任何財產。但查封收回法源講寺的大筆現金，不僅建設公司想來要錢，還有覺心師父的法定繼承人兄弟，過世的繼承人的下一代中還有流氓，都想要來分錢。

剛出家還不懂得要為佛教做什麼事時，白天就要跑臺北法院，晚上新竹文化中心還要舉辦活動。幸而為了三寶，讓我轉念很快。這些驚心動魄的經驗，始終不敢讓家父知道。回首不忍再說的驚悚，又彷彿一場夢魘。

一九八七年後臺北市土地狂飆，本想以查封到的款項，與師父的繼承人兄弟商談，用這筆錢繳稅換回弘法院，但他們不願意脫手，因為臺北市的建物每坪已從十萬飆到三、四十萬了。

為了讓這筆用生命換回的款項保值，我便將它使用於購置新竹法源別苑的頭期款。有了別苑可以當講堂，就能安排長期的課程，如《中觀論頌講記》、《八識規矩頌》、《印度佛教思想史》、《成佛之道》等課程，都是在別苑開始宣講。

講經說法緣起宿世願力

家師往生後，我頓失求法的依靠。剛出家時，師父曾經為我們常住眾說了《佛遺教經》，當時師父所講的內容對我而言，似乎是他方世界的語言，完全聽不懂，但這是家師很難得的一次講經，因為他曾跟居士說：「淺的經典不需要我來講，你們自己就懂；我講深的，你們也聽不懂，所以我都不用講。」

奇妙的是，我出家沒多久，就一直有股講經的願力，也許是宿生種子在催發。而另一方面，居士來參加法會、布施、供養，只給飲食滿足色身而已嗎？出家眾只能忙打桌、忙大寮、忙跑桌嗎？我疑惑不已！

我認為，不能只有回饋飲食，應該要給予佛法。這跟師公斌宗法師的傳承有關係，法源寺是「講」寺，不是飲食之事而已！只因為我覺得有責任要講佛法課程，希望佛法能滋潤眾生的心田，分解其憂苦，更願他們能深入經藏、智慧如海，調整心念、調伏煩惱，於是開始了「講經弘法」的生涯，這其實是被逼迫成長的。但是一念發心為眾生，竟也增長了不少潛在的能力，從此平日不管再忙碌，「為修行而研讀佛法」成為我生活的重心，在心靈深處開啟了一個既深且廣的領域。

我開始主動在常住的各種法會休息時間說法，如梁皇法會。出家以前，我就很喜歡誦持《梁皇寶懺》，懺文中句讀對仗，文字優美，每每誦得非常感動，出家後於是發心：「這麼好的內容要講出來共同分享。」平時不大會寒暄話家常，常常整場法會都待在大殿，減去言語的應酬；在大殿內則要講經、唱誦經文，如魚得水般的自在。因此法會期間安排八點到九點拜懺，九點到九點半休息時間，我就解說懺文內容，讓居士們自由參加。

從小我不擅於言語，為了將所知所學的經文內容清楚表達，開始慢慢學習。我相信有願力，佛菩薩必會助一臂之力。家父也是不大會說話的人，但是說到他的興趣，就會說得滔滔不絕，欲罷不能。

出家之後，我會將學習的佛法和家父分享，他藉由我的講述而感到有興趣，我覺得這是一種心靈享受。當佛法內化成為我的法喜之後，我就很想與眾生分享。從說法中，我逐漸學會說話，這真是講經的願力，促使我從不擅說話，成為勤於說法的人；從不愛讀書，成為研讀經藏的悅讀者。

深入經藏欣讀妙雲集

出家隔年二月，我到華嚴專宗學院教書，同年九月到福嚴佛學院教書，這麼早站在講臺上常感到心虛，故鞭策自己多讀書。出家前，我讀書興趣不高，反而是出家後才喜歡讀書，特別是讀到印順導師的《妙雲集》。

許多居士說，家裡整套《妙雲集》被視為天書，可能一、二十年都讀不懂。我則彷彿值遇舊友，相逢之樂道不盡。菩妙長老聽我說禁足將近兩個月讀這套書，他也去閉關，透過禁足，把低潮時光轉為佛法的喜悅，改變了我的出家面向。

我至今對於閱讀仍然興致勃勃，起床的第一件事情就是讀書。即使外出旅行，下榻飯店第一件事還是讀書。除了讀佛法的書，也涉獵其他書籍。為了講經的豐富性、流暢性，鞭策自己必須不斷地學習，因為深感佛法這麼好，必須想盡辦法表達出來分享給眾生。

一般人也許認為講經很輕鬆，實際上即便已講過很多次的經論，我每一次講經前依然用心備課；短短兩個小時的讀書會，也是認真以待。我並沒有皈依印順導師，而是皈依了導師的《小藏經》。我因為讀《妙雲集》而認識導師，又因建築之緣親近導師，跟導師結了建築緣，像福嚴佛學院、慧日講堂重建、華雨精舍的屋頂收尾，我都有因緣參與。

印順導師住在臺中太平華雨精舍，每年我都會帶信眾去跟導師拜年。雖然大家跟導師沒說上幾句話，卻個個都滿心歡喜。他不用講什麼話，我們就非常陶醉在法喜中，這就是導師的攝受力。

生在印順導師之後很幸福，能夠根據導師的著作，放心地閱讀與整理；在導師之前，只持個人見解與固守宗派的為數不少，誰也不服誰，釐不清佛法的來龍去脈，佛教的內部歧異、複雜，往往讓人卻步。導師看的是古典日文（漢文居多），除《大藏經》外，日本的論著也讀了不少，導師也涉獵《南傳大藏經》，因此他的視野是寬廣的。導師這一輩子讀的第一本佛書就是《中論》，他說雖然當時也不懂，可是就有著莫名的好感，每個人宿世累積的內涵不一，此生的起點是不同的。導師如同在一〇一大樓的高樓上，我們一般在地面或地下室的凡夫眾生只能仰望，慢慢向上。

孺慕導師，跟導師結緣很深，閱讀導師的著作，化為講經弘法的基礎，會忍不住想要與大眾分享，但我更幸運的是，我不只讀到導師的著作，還能親近他老人家。

初為人師的思想產生轉變

剛出家時，華嚴專宗學院成一老院長，聽說法源講寺有個大學生出家，親自到訪，邀請我去華嚴專宗預科班教國文，我嚇了一跳，表示自己不會教國文，他卻堅持讓我挑選課程，堅辭未果，我選了《禪林寶訓》、《中國佛教史》兩科，現在回想起來，當時膽子好大！因為我既非師大畢業，也不具有佛學院科班學歷，才出家一年的僧臘，來不及去讀書，也沒去福嚴佛學院進修，竟然上台為師，同時受戒的戒兄弟變成我的學生，讓我一直覺得站不住腳，總覺得當老師當得莫名其妙。現在回想起來還是一陣緊張，當時準備課程的煎熬時光、上台的心虛，歷歷在目。

我認識真華長老，是因為他老人家發願重建福嚴佛學院，而我正好有建築學的背景並發心協助老院長，因此經常出入福嚴佛學院。因為此因緣，老院長就邀我在佛學院教書。第一年的課程講授斌宗師公寫的《佛說阿彌陀經要釋》，後來對照了印順導師的《淨土與禪》，讓我非常震撼。斌宗師公從天台宗傳統的角度來看佛法，與導師對淨土的看法不同，其中的差別讓我開始思索傳統佛教的向度，思想有了大轉折。當年我常常捫心自問：「出家只為一句佛號嗎？」

家師圓寂後，我們在法源講寺舉辦佛七，我動手做文宣海報，以純手工的方式剪剪貼貼，做了二、三十張對外張貼。海報佛像圖案是家父手繪，我寫上時間、地點與「打得念頭死，許汝法身活」十個字，邊寫邊想：「念頭怎樣才能打死？這句話究竟想表示什麼？」於不疑處有疑，而疑問去何處尋覓解答呢？

還好我讀到導師的《妙雲集》，發現佛法的豐富與浩瀚，如果是根據導師的著作，我願意生生世世都發願浸淫在法海當中，那跟一句佛號差太遠了！這是我思想上的轉折點。雖然身在法源講寺傳統道場，因為有導師的著作，而覺得十分安心，深自慶幸在學佛這條路，沒走冤枉路，也沒有繞錯路。

立志做弘法利生的綿綿細雨

起初，我在法源講寺法會的休息時間說法，接著在大殿西邊客廳改成小教室宣講，這是弘法的第一小步。爾後跨出法源講寺，到華嚴專宗學院、福嚴佛學院講課，一小步、一小步，如蝸牛般緩緩挪移到各縣市，由南到北，由國內到海外。三十多年下來，弘法的足跡跨海洋越洲際，在南北半球來回講授。我想應該沒有辜負斌宗師公設立「法源講寺」之「講」法宗旨。

我清楚剛開始弘法不可能有很多聽眾，我立志當毛毛細雨，長長久久地下不停，滋潤大地花草樹木。所以我不在意聽眾人多人少，有一個、兩個，三、四、五個都很好，持之以恆地講，不過開講以來倒是沒遇過無人聽法的情形。

新竹法源講寺交通不甚方便，晚上更不適合上課，我多半借場地來講課。一九八八年，我走出寺院至新竹市培英國中弘法，就在法源講寺的旁邊，也開始每週六下午向培英國中借教室講課，校內老師及居士是主要的聽眾。

印象裡，當時張俊彥教授的夫人吳正惠，經常穿著兒子的球鞋，騎著一部小本田機車前來聽課。一九八九年我在法源講寺舉辦了第一屆「高中生佛學冬令營」，她的么兒剛高中畢業，參加了第一屆冬令營；同年她罹患卵巢癌，張教授盡心盡力照顧，但天不假年，於一九九一年往生。張教授將夫人的骨灰晉塔於法源講寺華藏寶塔，張教授在寺內住了兩夜，用毛筆抄一部《地藏經》迴向給夫人。

張俊彥教授是二二八事件的受害者家屬，不能出國深造。求學期間，成功大學聘請國際名師到臺灣授課，他是臺灣成功大學培養出來的第一位工學博士。張教授致力於新竹科學園區半導體發展，引進國外專家學者協助，影響著科學園區的發展，被稱為「半導體之父」，他曾擔任交通大學的校長。交通大學的傑出校友中，有許多科技界的精英，極有向心力，他們請購了十幾件家父的的作品，放置於交通大學校園，為母校增添亮點，並啟發學子們軟體設計的創作能力，因此交大雖以科技工程著稱，校園卻是很有內涵的藝術園區，另也成立「楊英風藝術研究中心」，這些美學理念都是在張俊彥校長的手上完成的。

交通大學和清華大學兩所大學都有家父的作品。一九七〇年代家父的好朋友顧獻樑，擔任清華大學教授時，請家父設計清大校門，同時在清大運動場旁放置「山水系列」的作品。

「三日尋燈」建立講經特色

剛開始在法源別苑的講課除了自己排課程自己講外，偶爾也找其他講師來上課。

當時我講《八識規矩頌》時，有位老菩薩天天都來聽課，她並不全然聽懂，卻沒有缺席過。等到端午節的時候，她終於忍不住問我，上課為什麼一直講：「粽子！粽子！」原來這位老菩薩把種子聽成粽子，但還是持續聽下去。她還說：「師父，雖然我聽不懂你在說什麼？不過我知道你講嘎足明！（閩南語：清楚）」這句話多有意思，我講的內容雖已超出她的國語聽力，但她卻知道我講得很明白，我深受感動。我常常勉勵大眾「聽懂是修慧，聽不懂沒關係，是修定也修戒」。眼前不能聽懂，但一份安定的力量，讓人願意繼續聽聞熏習，必定功不唐捐。

一九九二年底為了法源別苑的文宣，我開始辦《覺風期刊》雜誌，一辦就辦到現在。在法源講寺舉辦活動，營隊學生很多、加上老師、輔導員，需要動用很多人員。辦理營隊原意是為了宣傳佛法，但是方便善巧法太多，法義的濃度因而稀釋，降低效果，加上事項繁多，忙得人仰馬翻。後來乾脆自己來規劃課程，除了佛法不會失去原汁原味，在別苑辦理授課，更省卻了提供住宿、師資與飲食的問題。

在困境裡尋找新方向，以新方向嘉惠更多的學佛人。這是幾經多次的修正，一直維持到現在的「三日尋燈」，源自於《維摩詰所說經》中：「一燈能破千年暗室。」三天裡講一部經典或一部論典，有時比較大部，則隨宜開展為「十日慧學」模式，這成為我個人講經弘法的一大特色，這樣的專題講經方式得更重視整體的架構系統，讓聽眾在短時間內快速了解一整部經論，從而廣聞多學而深入經藏。

一九九五年首次「三日尋燈」，在新竹法源別苑先講《金剛經》，再到高雄南部講課時，聽眾驚呼：「師父怎麼可能三天內講一部經呢？」一聽下來，覺得這方式很好，大大讚賞。從此我更勤於講課，別苑、工研院、新竹附近的大學佛學社、林口長庚醫院佛學社都去講。我也不知道自己為什麼喜歡講經，從來不覺得累。由於不斷地講，對經論更加熟悉，《金剛經》、《八識規矩頌》、《成佛之道》等至少講十幾回以上。

「三日尋燈」的講經模式，從新竹而南而北而中，燈燈相續照耀。爾後更擴展到海外，歐洲、美洲、亞洲、紐西蘭求法者的心田裡，閃爍佛法的盞盞光輝，聽眾歡喜能在短時間內接觸有系統的經典、論典，都說是平生未有的聽經聞法體驗。

發現療癒生命的一條線

到處講課後，遇到很多信眾，常讓我有所收穫。

一九八九年遇見一位居住在新竹關東市場附近的醫檢師——觀嚴居士，他影響我很大。他夫妻倆皈依慧律法師，醫檢師一直持續研究佛法，他在自家樓頂上設了「菩提經閣」，早上忙完醫檢的事，下午空閒就開始研讀唯識，也請過幾位法師去講課。醫檢師本身很努力，好樂唯識學，也有人來跟他學唯識，共同討論問題。

後來醫檢師開始挑戰來聽課或講課的師父們，也要其他居士向師父們請教唯識，若是師父們不知道，他就提出自己的解答。有一次下課閒聊，醫檢師主動要教我唯識學。一聽一驚，輸人不輸陣，我不想讓居士教我唯識學，我婉拒後，決定自己研究唯識。

唯識很深密，名相繁瑣，很多人都望之卻步，我開始讀唯識，就從能懂的先讀起。我發現唯識學具有系統化，凡夫一個系統，聖者一個系統，串起來後就是無始無終的生命之流，流轉出一輩子又一輩子，像數線一樣。從建築的結構、比例尺的觀念以及數學的數線聯想，我整理出唯識學的修行路線，這一大發現就是「生生不已的生命之流」，也是療癒生命的一條線，我對佛法唯識生命觀是這樣學過來的。

就是這一條生命長線，眾生可以依循這個軌道，慢慢走上成佛之道，不再侷限現前這一世，願意生生世世地努力種下善因緣，不再退卻。我在這一條生命線上出寺入寺講經，出國歸國弘法，就是期望能和信眾們一起走在成佛的菩提大道上。

翻轉傳統走向現代化

傳統佛教要走到現代，不但在思想理念上充滿衝突，也必須與現實環境磨合。

我在法源講寺期間，將現代經營方式融入寺院活動，將活動向外推廣。突破傳統觀念的作法或許帶來許多干擾，因為過去寺廟中沒有這麼多活動，僅照例一年舉辦幾次法會。寺院平常的生活相當安靜，出家人多數是孤僻、害怕熱鬧。我對於此現象興起疑問：「修行應該靜靜地修嗎？難道只能靜靜地修？」

我在法源講寺期間是創新派，講經、辦營隊活動，忙得不亦樂乎，看似非常光鮮亮麗的景象背後，其實有許多挫敗的經驗，如被誤解、被冷落、被批判、被抵制。然而，我不後悔這股熱血，並堅信沒有得失心、沒有追求名利心，就不會有太多的煩惱，隨緣盡分，有多少力量，做多少事情，不問成績到底如何？只求耕耘，不問收穫，今生是個果報體，就只有接受，不論好壞，那都是因緣福報的問題。因緣本來就很複雜，不只是現在的因緣，還有宿世的福報因緣。從佛法就知道只能隨順因緣，克盡本分。

出家是我的第二人生，絕不讓第二人生泛泛無功，於是時時帶著隨緣的企畫列車，以弘法利生為目標，「順逆皆精進，毀譽不動心」為車軌，哪裡需要我，我就往哪裡去。

建立信徒會員制

才剛出家，我就開始整合信徒參加法會的資料。年度的各項法會各有信徒名單，像新春法會、七月盂蘭盆法會、每月的消災法會，但各名單未做連結，例如只知盂蘭盆法會的信徒，就只來參加盂蘭盆法會，不知有其他的法會。我覺得非常可惜，以建築觀點看，這樣的作法既沒有系統又無橫向聯繫。

我開始建立會員制度、整理法會名單，發布整年度大小型法會的訊息，並提出參加法會費用優惠。如果每月法會要繳交一千元，一次付清一年份只要一萬元，有兩千元的折扣，而且可以參加全年度的所有法會。原先每個月農曆十七日辦理消災法會，誰會記住？即使知道，也因為必須上班無法前來。我建議改成國曆每個月的第二個禮拜天舉辦，上班族就能參加，從此參加的族群明顯年輕化，佛法的傳承也就有更多機會。

改成國語誦經和週日法會的提議，由五師父居中協調成功。而年繳一萬的提議，這筆費用是提前收，若是月繳，有些居士不見得會持續，一次繳清具有優惠性鼓勵，也讓居士家庭和常住的預算更加清楚，都不必擔心是否漏繳，只要依照年度的行事曆行事即可。迄今仍然感謝五師父居中調和許多事情，作為現代與傳統之間的溝通橋梁，有她才能把創意與改變付諸實現，而這樣的會員制，也被其他寺院引用實施，深感欣慰。

於是我的第二人生，在常住的淬鍊下，翻轉傳統，並逐漸開啟現代化的寺務運作。

第2部

傳承佛法・創新弘揚

第四章　天台宗在臺灣的法脈傳承

臺灣天台宗的法脈都傳承於中國，天台宗諦閑長老的嗣法門人有靜權長老、倓虛長老及樂果長老。斌宗法師（1911～1958）曾到中國跟隨靜權長老學習天台，一九三九年返臺，一九四四年創建「新竹法源講寺」。曉雲法師（1912～2004）則師承倓虛長老，一九六六年來臺，一九九〇年創設華梵大學，一九九五年成立「天台山慈蓮苑」。慧峰法師（1909～1973）同樣受學於倓虛長老，來臺後，於一九六七年又從天台門人樂果長老承襲天台法統，一九七〇年著手重建位於臺南的「湛然精舍」，改名為「湛然講寺」。

臺灣天台宗第一人──斌宗法師

師公斌宗法師是臺灣首開研究經典及講經弘法的僧人，日治時期臺灣還存在濃厚的鬼神民間信仰，對於佛法的教理多有誤解，因此師公於一九三三年毅然隻身遠赴大陸參學求法，以六年的苦學，奠定了深厚扎實的天台佛學教理基礎，也是首位將天台宗帶回臺灣的一代高僧，成為第一位以天台教理布教，並開啟臺灣佛教研經風氣的先驅者之一，啟發臺灣各地民眾正信佛教的新風氣。

從藝術與學術推廣

斌宗法師於一九三九年回臺後，馬不停蹄地在各地演教弘法，一九四二年曾在新竹淨業院講《金剛經》，在講經期間，竹塹文人竹林七癡之一的許炯軒也在台下聽講，並作詩「妙諦空空竟不侔，院中淨業仰真修，談來不讓生公法，頑石如吾亦點頭。」以示尊崇斌老說法之生動，隨後斌宗法師也以詩作相應，傳為僧俗唱和的雅事，故有「詩僧」之雅號。

籌建法源講寺之時，淨業院將大陸普陀山請回的西方三聖立佛奉贈給法源講寺，此立像是臺灣少數保存寧波風格的造像。淨業院與斌老的法緣，也開啟了勝光法師追隨斌老學習佛法的因緣，由於景仰斌宗法師的德學，決定皈依斌宗法師，法號慈心，又為紀念斌宗法師，創辦了「慈心幼稚園」。

天台宗的特質是「教觀雙美」、「止觀雙運」，然在臺灣天台宗的法脈又跟藝術緊密結合，例如斌宗法師這一脈的傳承，到現在都離不開佛法與佛教藝術的發揚。曉雲法師也是一位集佛學、藝術、文學、教育於一身的般若行者，每年舉辦「清涼藝展」，期以佛教藝術、書畫創作，化世俗熱惱人心為清涼。慧峰法師主持的湛然講寺，亦供奉一尊家父塑造的〈阿彌陀佛聖像〉，與星雲大師宜蘭雷音寺中的〈阿彌陀佛聖像〉相同。天台宗又名「法華宗」，中國大陸石窟裡面的造像壁畫，與《法華經》相關的題材更是不勝枚舉。

我的弟子果玄法師在江燦騰教授的指導下，將玄奘大學宗教研究所的碩士論文改寫，由南天出版社出版了《臺灣佛教天台宗傳播史》，內容就是研究天台宗在臺灣的發展史。畢竟每個人契機的範圍有限，若能契入其中一部分而專精，也是相當難得可貴。

賴賢宗老師二〇〇四年擔任「現代佛教學會」第六屆理事長，在其任內舉辦兩屆的天台研討會，接著由我繼任第七屆理事長。身為天台宗的法脈，總想為天台宗做點事情，雖然自己不學無術，又不是這方面的專研者。不過站在天台宗的立場，如果有人願意研究發展，我很願意支持，也深覺有其必要。目前我們設有佛教藝術的獎學金，還可以再加上天台學的獎學金，設立獎學金主要目的是加強推廣，並鼓勵學者研究天台宗。

育人著述傳承思想

斌宗法師有「五心」徒弟，大徒弟慧嶽法師（印心法師）、二徒弟覺心法師，接著是廣心、淨心、聖心法師，廣心法師年紀較長，往生多年。另一說即以慈心法師代之，慈心長老尼即勝光法師，是後來皈依者。其中最能傳承斌宗法師的天台學者只有慧嶽法師，師伯慧嶽法師是留日學者，繼承師公斌宗法師的傳承，由於孺慕之情，專研天台宗，盡其一生為天台宗傳承努力，出版許多有關天台宗的書籍及著作。他曾經出資去中國大陸，修復天台宗祖庭——浙江天台山國清寺。

師伯慧嶽法師一輩子都以傳承天台思想為使命，九十多歲依然講學不斷，老人家講話中氣十足，精通閩南語，日語也很道地，他一直希望我能跟他學習天台，況且站在法脈的責任上，我應該要去學習天台、弘揚天台，所以我曾經下定決心到交通不便的石碇道場，跟隨師伯學習天台教理，沒想到師伯劈頭就說：「一週七天，你就講了八天的課，哪有時間來學習天台……，學什麼佛教藝術、建築，簡直是不務正業！」被這麼一說，往後我就不大敢去親近他了。偶爾去探望老人家，他還是苦口婆心，希望我能傳承弘揚天台，並且說我身為法源講寺住持，怎麼可以不學天台？但終究我辜負了師伯的厚愛，個人興趣還是契合印順導師的思想，加上佛教藝術及佛教建築的推廣，實在沒有餘力再為天台宗盡力。多年後我去向他老人家祝壽，他竟然一直誇獎我在講經弘法，並說佛法總要有人去弘揚，佛法本來就沒有那麼多分別，只要是弘揚正法，都是身為三寶弟子重要的責任，不一定要弘揚天台思想。這一席話倒是讓我未能弘揚天台的愧疚感釋懷不少。

我非常感恩仍有長輩叨念與指導，更佩服慧嶽師伯在天台學的堅持與成就。每個人找到生命的主軸時，就會勇往直前、不畏艱難，我想師伯是最佳的例子，這也是我學習的榜樣。

師伯晚年時，一直想重建石碇的法濟寺，曾為此事找我討論多次，我與許育鳴建築師也實際前往勘查兩次；但寺院地處偏僻、道路窄坡度高，難以符合建築的條件，但師伯仍然心心念念。可惜二〇一六年師伯百歲往生，後續的產權交由俗家弟子處理，變得更加複雜，我也更無能為力。

天台宗有其時空因素的發展背景，而在這個時代，我還是以印順導師的思想體系為主。雖然我在學脈傳承是天台宗，法脈是臨濟宗，但是我想能將佛法配合現代化思維來弘法利生，才是更重要的。

法源講寺的出家弟子們

法源講寺從大師父到七師父，都不是覺心法師剃度的弟子，我是八師父，是覺心法師最後、唯一留在身邊的剃度弟子，因此許多責任就落在我肩上。我剃度出家時，應該是「空」字輩，但覺心法師說「空」不好，會「空空」，因此改成「慧」，這是外號，平時的稱呼是外號；像大師父皈依了覺心法師，賜號「仁慧」，故稱仁慧法師。我一九八六年受三壇大戒時，用「超慧」外號，我想恢復「空」字輩較適合，便自號為「忍空」，「寬謙」是內號。一九九一年福嚴佛學院重建落成，我皈依真華長老，法號「如樑」。

出家的時候，我不知道覺心法師剃度的徒弟有哪些人，家師往生時，師兄弟們早已星散，我不曉得要找誰回來送家師。至於家師的師兄弟們平時雖不常往來，倒也偶爾會回來看一看祖庭。

傳統寺院的轉型很辛苦；我想不只是佛教界，提到轉型都是不容易。可是在佛教界，出家人不像在家人有上、下班生活上的區別；出家人的生活不分上、下班，而且早上四、五點鐘就要起床，每天進行早課、晚課、禪坐、出坡、暮鼓晨鐘，還得接受傳統三刀六槌的訓練（剪刀、菜刀、剃頭刀；木魚槌、鐘槌、鼓槌、罄槌、磬槌、鐵鎚），必須樣樣精通，所以轉型過程更加困難。

梵唄海潮音為寺內亮點

家師的梵唄非常好聽。他是在中國大陸受戒，一向心儀大陸的梵唄海潮音唱法，也就堅持法源講寺的梵唄一定要用海潮音。海潮音大多出現在大道場、戒場、大型法會或者佛學院，臺灣一般寺院用得很少。

海潮音是大陸正統的梵唄，唱頌的板眼非常清楚；梵唄傳到臺灣之後，變成鼓山調。我感覺海潮音比較像平劇，唱腔拉得很長、很慢，字正腔圓，需要下功夫；鼓山調唱腔像歌仔戲，屬地方性，比較熱鬧。兩者的區別是，海潮音莊嚴有餘而熱鬧不足；鼓山調則是熱鬧有餘，莊嚴不足。覺心法師很堅持梵唄使用海潮音，法源講寺及永修精舍到現在，都還是保持海潮音梵唄唱腔。我很喜歡音樂，因此對梵唄一直很感興趣。

五師父知道家師很堅持海潮音的梵唄，曾從他提及的地方找到錄音帶。六師父真義法師在華嚴專宗學院讀書時期，曾經跟隨南亭老和尚學梵唄，華嚴佛學院也請她回去教梵唄；她本來在臺北市湧泉寺出家，跟真理法師是戒兄弟，後來被邀請到法源講寺後，也就帶動著法源講寺海潮音的梵唄風格。

由於家師重視海潮音，很支持六師父教寺眾們梵唄。唱慣了傳統道場的鼓山調，要改成海潮音是很不容易的，我剛開始學習時還是以念唱閩南語唱讚誦經，直到出家之後，常住就幾乎全面改國語及海潮音。

除了梵唄外，家師更打得一手好鼓，而他學習打鼓的方式，或許與曾在福建、香港有關，也有可能是從錄音帶學習而成，只是可惜沒有流傳下來。

大師父到八師父的同寺緣

大師父仁慧法師剃度於新竹萬佛寺，與五師父真理法師是同門師兄弟。大師父非常疼惜五師父，也用心栽培她。大師父則寫得一手好字，辦得一手好桌，也打得一手好鼓。自從她在一九七九年來到法源講寺，對寺務盡心盡力，奉獻非常大。

二師父守悟法師、三師父燈明法師都不是在法源講寺出家，他們因為認識五師父真理法師，受邀來共住。二、三師父年紀比較大，因此就排行第二、第三，這個時候來法源講寺共住的師父是照年齡或戒臘排序，從四師父直至七師父，到我出家時就排行為八師父。

五師父真理法師對我的影響很大。年輕時的我很有事業心，以為等事業有成後再出家都來得及，但真理法師催促我早點出家，促成我也轉念能於人生的青壯期出家，可以讓人感受到出家之好，而我也如願出家了。家父與佛教界多位長老都有來往，其中家師覺心長老是與我緣分最深的，可以說是看著我長大，家師很驚喜我能在法源講寺披剃於其座下。

與五師父的互動，主要是外婆與祖母往生後的佛事都是由法源講寺的師父處理。她是一位很有想法的出家人，雖然身處傳統道場，卻很支持讓傳統寺院走向現代化的經營，親自協助我去承擔這個任務。回顧法源講寺的轉型過程，實際上有很長的陣痛期，因為大師父非常傳統務實，五師父就成為傳統與現代化的溝通橋梁。

六師父真義法師因為家庭環境貧困，媽媽很早就把她帶到湧泉寺出家。她的音聲音質很特別，海潮音可以拉得很長，有板有眼，字正腔圓，光是她的梵唄，就有很多的仰慕追隨者。她來法源講寺時才二十多歲，六師父比我還年輕，但因為出家很早，戒臘比我還高，排行就在我之前。不過一九九三年六師父出國到南美洲的貝里斯後，就沒有她的消息了。

至於七師父跟四師父的感情很好，一九八八年四師父往生之後，七師父也就離開了。

人世分合，一切是最好的安排

我這輩子遇到最大的波折，就是離開法源講寺。

當時，現實狀況一波波來襲，靜觀到最後，不得不選擇離開。離開法源講寺這件事，讓我真切體認無常，就像看到臨終時的衝擊，那時不禁感慨：「這二十多年來，曾經全心全意去努力的事情，並執著努力的成果，瞬間化為烏有，一旦因緣離散時，讓我聯想到，是否臨終的時候，也將會是同樣的心情。」

不過現在回顧那段歷程反而感恩，如果沒有這一段的經歷，或許臨終時會更痛苦、更難過，更放不下。這段心情也應證了因緣法，在現象上大家都會覺得：「怎麼也想不到，這樣的事情為何會發生？」光從現象來思考，剛開始我也真的很難接受，還好有佛法，才能夠接受這些看來不公平的現象。從深觀因緣法的平等性才有辦法接受，平息情緒上的起伏；不能接受，就不能擺平。碰到這種事，如果沒有佛法，可能真的會無所適從。

種種打擊發生時根本難以接受，腦海中不斷地抱怨、妄想、煩惱、痛苦。其實煩惱就是惡的種子，只是我們不自覺，並不是嚴重到殺人放火才叫做惡，所有一切的煩惱，都是惡的種子，而這些歷程也讓我深深感受在困境中要保持善念真的非常難！

而這種困難度唯有自己明瞭，度過才能體悟，能夠平安地經過大風浪的淬鍊，也是個可貴的經驗。

寓言幽默講說因緣法

我剛離開法源講寺最苦痛的時候，聽了一個故事，給我很大的安慰。

話說有個酋長平常喜歡打獵，有一天他出門打獵，隨從正好有事無法陪同，他就自己出發。酋長布置了陷阱，抓到一隻豹，他很高興有了收穫。他逗弄得到的獵物，沒想到這隻豹竟然咬了他一口，把他的手指頭咬斷了。

酋長回到部落，開口罵隨從：「就是你沒有陪我去，才會發生這件事。」隨從卻說：「這一切都是最好的安排。」酋長說：「我的手指頭都已經斷掉了，你還說這是最好的安排，我要把你關到牢裡去。」酋長就讓隨從下獄了。

有一天酋長又想要去打獵，但隨從還在牢中，也不可能把他放出來陪同，所以酋長還是獨自出門打獵。這一次不是他獵到動物，而是被食人族抓去，他心想：「完了完了，怎麼辦呢？」這些食人族捉到酋長，準備把他當作祭品。酋長想：「這下子一定逃不了。」食人族把他全身洗得乾乾淨淨，且身為酋長必然長相好，皮膚白嫩光滑，食人族認為這是上等祭品，但祭禮的前一刻才發現他竟少了一根手指頭，肢體不全，不能夠當祭品，只好放他走。

酋長連爬帶跑，飛奔回去他的部落，並對大家說：「幸好我斷了手指頭，才沒被當祭品，這真是最好的安排。」同時將隨從自牢裡釋放出來，隨從對酋長說：「還好你把我關進牢裡，沒陪你一起去打獵，否則你不能當祭品時，我就會成為祭品了，這一切都是最好的安排。」

因緣法真的是甚深甚深，難解難解，我們無法預測未來如何發展，肉眼所見的只是當前暫時現象，唯有透過佛法，以慧眼深觀因緣法的平等性，來看待一切，當下就可以接受「一切都是最好的安排！」深入因緣，也是調伏煩惱的好辦法。

把握當下隨順因緣

二〇〇七年離開法源講寺後，我仍魂縈夢繫、心繫講寺。二〇一八年農曆年前我回到法源講寺，這是我離開後第一次回去，主要為了拍攝家父的紀錄片。因為法源講寺有好幾件家父的作品，行前猶猶豫豫地，幾經思量，還是鼓起勇氣前往。

當天天氣很好，似乎是適合探訪的日子，快到法源講寺時，我才去電給論玄法師，說明拜訪之意。放下電話後，心情開始忐忑不安，應該是近寺情怯吧！不過當見到面後，總是留有三分情，霎時間，所有的往事好像都不曾發生，真理法師見到我就說：「我常常在夢裡罵妳啊！」又問我來因，我說無事不登三寶殿，就把拍攝紀錄片一事詳說給她聽。說實在的，如果不是為了拍攝紀錄片，我還真的不敢回到法源講寺，也不知道什麼時候才有機會回到那熟悉的環境。

拍紀錄片當天也見到高齡九十一歲的大師父仁慧法師，大師父身體還是很健朗。拍完片後，這幾年的農曆年前我都會帶著弟子們回法源講寺，向大師父與五師父們拜年及到華藏寶塔禮祖。去年大師父身體一度違和，接著又接到五師父生病訊息，幾次想去探望都被婉拒，直到今年農曆年前拜年才知道幸好遇到好醫師，五師父的病情逐漸有了起色。

感念兩位法師，這麼多年來一直盡心盡力守護法源講寺，在寺內人事上的磨練，把我原來的脾氣與個性磨掉許多，總算漸漸懂得隨順因緣，變得柔軟一點點。出家前我的個性屬於比較強勢的，要磨掉這些稜稜角角需要時間考驗與人事的歷練，感謝法源講寺提供了試驗場，以及仁慧法師與真理法師們對我的調教，感恩一切善因緣的成就。

我體認的耕耘方式，就是把握當下，現在能做的事就盡力去做。我比較不怕困難，當因緣條件不具足的時候，我可以坦然的放下，這也許是天秤座的特質，自然會在理想與現實的條件下取得平衡。我想這是每個人的思考模式，但真的要落實，還是要根據佛陀教導我們的真理法則，作為人生的圭臬，否則執意自己的習性，任性而為，有可能適得其反，走很多冤枉路。

我體會到：「所謂智慧，是從困境中磨練出來的。」順境要生起智慧是困難的，因為處於順境中加上福報大，很容易讓人迷失。唯有「接受困境方能成就智慧」，如果我們可以將困境中的心境，內化為自己的經驗，才有智慧去幫助其他處於困境的人。

承擔永修精舍住持創新氣象

永修精舍的慈心長老尼是今生影響我很大的人。她的俗名陳滿妹，一九二三年出生於篤信齋教的家庭中，六歲被送入淨業院，由智度法師收養，法名「勝光」。淨業院位於新竹樹林頭，建於一九〇二年，是新竹富豪鄭如蘭之妻陳氏潤所設立，原為齋堂型式，後來才改為禪宗場地。所謂齋堂是齋教信仰的修道場所，原為帶髮修行的民間信仰，佛教正式傳入之後，才陸續改為剃髮出家的形態。

長老尼從小就好學不倦，從新竹第二公學校（現新竹市北區北門國小）第三十二回卒業後，先後曾向樹林頭謝水柳北門李仕（三老爹）學習漢文，當時常遭日本警察取締，難以安心求學而被迫中止。由於嚮往留學日本，在其「不去日本，就不剃頭」的堅持下，得到永修師公護持，放棄到基隆靈泉寺進修，轉而前往曹洞宗在名古屋關西尼學林（現稱尼學堂）本科求學。她對於師公充滿無限感恩之心，臨行前對師公許下承諾：「等我從日本回來後，一定會設一個布教所來講經說法。」日後她真的實踐諾言，建立「永修精舍」，以表達對師公的懷念與感恩。

二次世界大戰結束，長老尼由日本政府派軍艦送回臺灣，即追隨法源講寺開山斌宗上人學習佛法。這時臺灣正由日式佛教轉型到漢傳佛教的關鍵期，一九四九年許多大陸高僧來臺，落腳新竹講經，長老尼常因聽不懂國語而懊惱，在聆聽孫立人夫人的講演後，決心學習國語。她先跟來自北京的老太太學習，繼而向任教國小的妹妹學習注音符號，再自行研讀國語日報，兩年後學會一口標準國語，一度在翠碧岩寺教授國語，也成為新竹第一位協助大陸籍法師翻譯為閩南語的師父，先後為印順、續明、道源、仁俊、印海等法師翻譯，日後在福嚴佛學院及華梵學院教授日文及佛學課程。

長老尼以弘法為主，因為學幼教之故，加上日本老師叮嚀他：「回臺灣後，賠錢也要辦幼教，幼教實在太重要了。」她回臺灣就開辦與佛法結合的慈心幼稚園，每次去日本也都會購買佛法相關的兒童繪本作為上課教材，平日就把簡單的佛法融入教學中，也擅長用現代化科技從事教育工作，如幻燈片、幻燈機等，戒嚴時期還曾被警察盤查沒收。

我出家以後，她也很關懷我的講課，因為我是斌宗法師的徒孫，對我更是愛護有加、不斷鼓勵。她常常談起斌宗法師，她說有一次要去監獄弘法，斌宗法師要求她先講一遍聽聽看，長老尼說：「講給師父聽，比說給幾百個受刑人聽，還要緊張。」在多變的世局裡，慈心長老尼不但見證百年古寺淨業院的齋堂形式，以及枯淡嚴寒的日本佛教，回臺後受教斌宗法師及為大陸法師翻譯，直接接觸到漢傳佛教；可以說是一位歷經齋教、日式佛教到漢傳佛教歷程的僧尼。

長老尼經常向人表示：「斌宗法師如果還在，看到徒孫寬謙承襲講經弘法衣鉢，不知道有多麼高興與安慰。」一九九一年創辦法源別苑時，長老尼捐贈百萬元作為支持辦學弘法費用。長老尼有一句話影響我很大，她說：「弘法是很辛苦的，要有安貧樂道的心理準備。雖然傳統的道場不能沒有法會，但也不能只在法會上著力，而沒有佛法的傳承。」

長老尼在日本求學時就喜歡書法，常常外出習字，寫得一手好字，長老尼圓寂前寫的「順逆皆精進，毀譽不動心」的墨寶，鼓舞我在逆境中通過考驗，成為我此生最重要的修行座右銘，也印贈給居士們留念。回首來時路，終歸是宿世因緣，離開法源講寺雖是我今生的大浪，曾打得我心灰意冷，彷佛山窮水盡，但當浪落潮平時，迎來的卻是更為寬廣的未來，因為永修精舍與覺風學院早已靜靜地在遠處等候我多年了。

土地產權曲折引發接任因緣

長老尼過去經常問我要不要來永修精舍，我總是回答：「不可能。」當時翠碧岩寺的如釋法師在三壇大戒戒場擔任戒師，梵唄唱誦很好，跟長老尼也很熟悉；如釋法師回沙鹿辦理親人往生後事後，就被慰留下來，創立了慈光寺。我們大力推薦如釋法師到永修精舍當住持，因為她在慈光寺也有辦理幼稚園的經驗。

當時淨業院的土地產權由好幾十個人共同擁有，其中有位地主已經移民美國，回臺處理名下土地，急著要把九十多坪的土地過戶給永修精舍，如釋法師意願不高，反而是我不斷建議：只要繳增值稅就可以擁有更多土地，為什麼不接受呢？何況當時永修精舍名下的土地還不到十坪，這對常住相當有利。

也因為這次的土地過戶，有位地主藉故提告永修精舍侵佔，當時擔任住持的如釋法師因而成為被告，讓她覺得非常困擾並辭去住持。回想起來，這點點滴滴也是影響我離開法源講寺的導火線之一。

如釋法師離開後，二〇〇七年慈心長老尼再度要我接任永修精舍住持，當時長老尼已經在洗腎了，她的姪兒致中法師擔心長老尼的健康狀況，就在當年六月中旬召開執事會議，會議中一致通過由我接任住持，盛情難卻，我不得不承擔了這項任務。

我預計六月二十四日與弟子們離開法源講寺，二十二日仍在寺內處理事務。晚上十點多突然接到長老尼的病危通知，我急忙趕到醫院，二十三日凌晨長老尼溘然圓寂，當時誰也沒料到，這突來的噩耗，竟發生在我們離開法源講寺的前一天。一連串的事情變化無常迅速，讓我們師徒驚愕到忘記離開祖庭的悲傷。

原計畫是，我在永修精舍安頓後就去美國弘法，沒想到長老尼這個時候病故，在致中法師的支持下，去美國前一週，簡單隆重圓滿了長老尼的告別式。過程中雖有許許多多紛擾，就這樣一關一關的度過。由於長老尼的作七佛事，住眾及居士們意見紛歧，我就將原本要同行赴美弘法的法玄法師留下來處理後續，臨時改成戒玄法師陪同。事過境遷回想起來，幸好讓法玄法師留下來，否則我們從美國回來，說不定沒地方住了。

一個佛寺的交接，真是不容易。當時如釋法師要到永修精舍接住持，我建議將土地登記在精舍名下，因為長老尼是養女，一旦圓寂，雖有兄弟姊妹也無法繼承，名下的寺產會被收為國有。幸虧早已在法律上取得保障，寺產得以保全，我們也才能在此安心辦道，弘法利生。

改變人事是最困難的修行

接手永修精舍的新環境，硬體、軟體、人事生態都要一一面對。當時的永修精舍設備不甚齊全，然而軟硬體的問題還算容易解決的，最困難的是人事。當時辦公室很小，相關人員全部擠在一室，當時大殿、大寮、文書室等軟硬體，全部由居士一人包辦。我們一進來，彼此對於寺務處理方式不太一樣，讓她非常不習慣。過了一段時日，這位居士居然自動退出，往後就都由我們作主。

除了寺務上的工作銜接有所阻礙之外，在信徒對我們的接受度上也是另一個要克服的問題。永修精舍附近的福林堂以念佛為主，習慣用閩南語的老信徒自然會親近那裡。原則上，我們都願意盡量依照以前法會——用閩南語唱誦的模式進行，不過無法完全相同，就算有這樣的改變配合，信徒們仍有自己的選擇，也是在所難免。緣生緣滅，我們只能隨順因緣，克盡本分。所以經過一年的緩衝期，又慢慢改回我們自己熟悉的國語唱誦方式。

在長老尼百日之期，為家父塑造的〈阿彌陀佛聖像〉安座，永修精舍有了這尊與我因緣深厚的佛像，這時身心才算真正安住下來。農曆年，精舍舉辦「百年古寺展風華」，以茶席、花宴、書法展的方式，在幽雅的環境中，藝術的高雅氣息，讓參與者進入清淨的世界，暫時脫俗離塵。

敦煌石窟短暫進駐興起迴響

對於石窟內的壁畫與雕像，學者往往是從時代背景與造型風格作為講學內容，而我在講述佛教藝術時，則是透過經典的義理來詮釋，這從信眾的角度而言，會容易留下深刻的印象，更能夠與佛法思想相結合。

吳文成老師為了石窟，投注了十幾年的時間，幾乎傾家蕩產。因他將石窟的壁畫與雕像，以分期付款的方式割捨給覺風基金會，但是當我離開法源講寺就無法再繼續付款，於是他就將已繳的款項退還給我們。

仿敦煌石窟作品是一九九一年吳文成老師與我們同遊敦煌石窟時發下的大願，並禮聘敦煌畫家謝成水老師繪製，成品先後於佛光山、法鼓山、慈濟等道場做局部的巡迴展覽；二〇〇三年也在法源講寺展出，因為場地有限，陳列在不同的空間，仍是無法完整呈現。二〇〇七年吳老師免費提供了掃描列印的壁畫複製品，敦煌石窟又在永修精舍完整展示出來。

二〇〇八年正逢覺風基金會二十週年，當年配合浴佛節活動，我們建置了與敦煌石窟相同尺寸的木造石窟，集數窟最著名的壁畫、雕像與經變圖。北壁佛龕上是敦煌石窟第三二九窟，一佛二菩薩及二弟子，有釋迦牟尼佛、文殊與普賢菩薩，阿難與大迦葉的雕像，最外邊則是一對金剛力士雕像，佛龕背景是八大弟子壁畫，合為十大弟子像。石窟內東西二鋪是敦煌石窟第二二〇窟的東、西方淨土經變圖；南壁出入口則有《維摩詰所說經》經變圖；天花板是第三二八窟之藻井及佛教雕像，佛龕中的佛像是第四十五窟。

這些精彩的石窟復刻品，首次在永修精舍莊嚴圓滿地呈現出來。這座木構的石窟呈現出敦煌石窟中最好、最精華的壁畫與雕像，踏進去彷佛真的置身於敦煌石窟，參觀者絡繹不絕。二〇一八年謝成水畫家買回當年創作高峰時期的極致作品，我們也歸還雕像，僅餘列印出的壁畫，無論如何，我非常感謝吳文成老師十多年來與我們結下的「石窟緣分」。

我當時為了永修精舍的石窟復刻展，曾於二〇〇八年五月第三週的週六全日佛法大課程中，以三面壁畫的三幅經變圖為題開課。「經變圖」就是將經典的內容圖像化，兩者結合在一起感動性會更高。我當時笑說年輕人飆車，我則「飆經」，兩堂課就講一部經，一整天六堂課講完《佛說阿彌陀經》、《藥師如來本願功德經》、《維摩詰所說經》，再去現場對照圖像。用這樣的方式上課，學員都感到印象深刻，收穫滿滿；尤其是《維摩詰經變》，經文中一下子講法相，一下子又講法性，很不容易明白，但是從圖像裡可以看到在法性法相中出入無礙，非常有意思！

萬緣成就基金會，克盡本分弘法利生

覺風佛教藝術文化基金會的成立

一九八七年家師覺心上人圓寂，我為紀念先師一生悠遊於佛教與藝術領域，特於一九八八年初結合社會中堅精英分子，成立「財團法人覺風佛教藝術文化基金會」，以弘揚佛法與推動佛教藝術為使命。

本基金會以印順導師「人間佛教」思想為依歸，法脈則傳承於師公斌宗長老、師父覺心法師學脈之天台宗的精神，「開藝術之權，顯佛教之實」，實踐「開權顯實」的修行道路。

迄今已出版十多本佛教藝術專業經典書籍、開辦二十二屆「佛教藝術研習營」、舉行橫跨「中、印、日、韓、吳哥窟與斯里蘭卡」等約二十趟專業佛教藝術朝聖之旅、並開設長達十學年以上的佛教藝術專題課程等等，覺風基金會推廣佛教藝術已經超過三十多年頭，成為佛教界獨樹一幟的特色。

覺風意外承接美國覺心

恆清法師是臺灣大學的退休教授，更是一位很用心提攜後進的比丘尼，對我也非常關心與照顧，知道我常常去美國弘法，有意將當年在康乃爾大學攻讀博士時設立的基金會過戶在我名下。主要原因是自己很忙，恆清法師的姊姊覺華法師是董事之一，她已過世，再加上基金會的會務幾乎沒有實質運作。二〇〇七年年底，我和諦玄法師先到洛杉磯弘法，再飛到紐約，去仁俊長老印順基金會辦的「佛法度假營」上課，接著從紐約飛回洛杉磯，與特地為了這件事情而來的恆清法師會合，辦理過戶相關事宜。

這個基金會在美國的名稱是Buddhist Foundation，Foundation的中文在美國是「佛教會」的意思，不過我們還是習慣用「基金會」來稱呼，我取名為「覺心佛教基金會」以紀念覺心上人；原先也想沿用「覺風」之名，又擔心與臺灣的覺風基金會混淆。基金會是財團法人，登記於洛杉磯，但屬全國性的單位，募款金額沒有上限。美國的基金會有兩種，一種是募款有上限，只要達兩萬美金以上，就要報稅；另一種是屬於教堂組織，募款沒上限，不管捐助多少費用，完全免稅。

我對這個基金會的運作沒特別的想法，只要跟弘法有關就可以。所以之後我到美國弘法，都是用這個基金會運作，方便開立捐款收據。開印法師早期在美國弘法時，也由這個基金會辦活動。這輩子無意間促成了很多事情，總說還是因緣法，能做就盡量做，隨緣盡分，這也是從佛法裡體會出來，歸結出一句座右銘：「隨順因緣，克盡本分。」能做多少算多少，一輩子的時間很有限，但是生命是長久的，這輩子未完成的，下輩子再繼續。

從「覺風學苑」到覺風學院

一九九五年我尚在法源講寺，曾經在臺北建國南路成立「覺風學苑」辦理課程講座，之後又搬到重慶南路；一九九九年四月因經費拮据，結束後移回新竹法源別苑，延續之前的各種課程。直到二〇〇七年我離開法源講寺，法源別苑從此功成身退。同年八月在臺北松江路再度成立覺風學苑，繼續承辦各項課程活動，直到二〇一〇年在臺北北投買了十甲的土地後，隔年自此落地生根，將覺風學苑改為北投「覺風佛教藝術學院」。

松江路的覺風學苑是由熅如負責，二〇〇八年我們請黃錦珍居士協助，她學的是佛教藝術，也是華梵大學的講師。覺風學苑陸續開設課程，從基礎佛法、《八識規矩頌》、《印度佛教思想史》到「佛法面對面」等。

二〇〇三年起再度於臺北救國團一個月全天六堂課的課程，這是應空中佛學院邀約授課而錄製的影片。二〇〇七年又從救國團移到龍山寺文化廣場錄製，二〇一一年以後搬到北投「覺風佛教藝術學院」，在北投覺風學院將弘法利生的志業，發揮更大的功能。

迄今常有臺北信眾跟我說他們曾在哪個地方聽課，我大約就知道是什麼年代。一路走來，很感謝居士們，二十多年來不離不棄的相挺，他們學法求知的精神，鼓勵我，推動著我——要更努力地講下去。

第五章 契合印順導師思想，圖說法義

印順導師著作等身，一生寫下七百多萬字，字字珠璣，擲地鏗鏘有力，這是導師宿世智慧與慈悲的結晶。導師曾經說他的治學，始於史學，架構建制在印度佛教思想史的脈絡下，我也是依於印順導師的著作思想，才對印度佛教發展源流有深度的了解，進而對佛教義理及思想流變有概括性的認知，當然也提供日後講經弘法及研究佛教藝術的養分。

導師從生命探求佛法

導師看似亮麗的光環，一生還是免不了根身的病痛與流離失所之苦，雖身在戰亂的年代，仍然持續不輟地閱藏爬梳教理並書寫弘法，為法忘我，不畏身體的病痛，可見願力心力之強勝。大師畢竟是大師，能以智慧化解生命的艱難，他平淡自在的生活，都是我們學習的最佳對象，也深深地影響著我的做人處事。

生命中二大貴人

我出家時，導師剛過八十歲，當時以為導師垂垂老矣，沒想到導師正在進行《印度佛教思想史》的寫作，能寫這麼重要的著作，怎麼能算是老邁？

一九八八年第一次在福嚴佛學院見到印順導師，雖然親近導師的機會不多，卻與他的著作非常相應。導師偶爾會到福嚴佛學院，我們就到導師的寮房坐坐，圍繞在導師身邊，這種無距離的接觸，如同家中長輩般地親切、輕鬆自在。

有一回我正在看導師的著作，看得入神，就好像導師在我眼前，為我面授親說。這時真華長老正好從福嚴佛學院打電話來，要我馬上去處理建築的事務，當我來到福嚴佛學院時導師並不在，原來時空錯置，讓我頓時有遍尋不著導師的失落感。

雖然我跟印順導師的距離，不如他與家父接近，但我對印順導師的認識與了解，以及生活點滴，發現兩位大師有共同的特質。第一，他們都是非常隨和而謙卑、沉穩而寂靜，生活困境絲毫難不倒他們。第二，他們的思想或藝術方面的成就，都在四十歲以前就完成，展現出大架構的雛形。難怪傑出青年獎之頒發條件是限定四十歲之內，真有其道理。

其實大師的養成與宿世的習性有很大的關係，大師總是隨順因緣，探索生命的本質，心靈是清楚而明白，不執著於世俗的名利地位。至於家父則因在家庭生活有過很多的困頓，他在豐年社上班時，為了繪畫雜誌的封面、插畫，而去貧窮困苦的農村取材，如此創作的畫作都很美，生活中的「苦」經過藝術家消化後，轉換成人生的光明面。

我何其有幸，遇到人生兩位最重要的大師——印順導師與家父，他們都超越了苦痛，把苦痛昇華為真、善、美、聖。

自學「妙雲集」啟發教學法門

導師的著作能深入探求到印度佛教的根源，又可以跟現代學術結合。倘若純有信仰而沒有學術支撐，或僅是學術研究卻沒有信仰，兩者都有所不足、有所偏頗，導師是「為學佛而佛學」，結合了信仰與理論基礎，展現信願、慈悲與智慧。

自從讀了導師的書，我經常有不看人間糟粕書的概歎！也因為這份法喜感動自己，於是開始籌劃課程，從妙雲集中一部一部地講下去，從寺內講到寺外，從國內講到海外，一直到現在毫無倦怠。這輩子能講授印順導師的著作思想，已經感到非常滿足。二〇一八年初，我開始透過印順導師的弟子厚觀院長整理的講義，講授《大智度論》，若能講完這部論典，我肯定已超過七十歲了。從《大智度論》的筆記中，讓我明白導師的思想，更悠遊於龍樹菩薩的智慧大海，也是此生對佛教法義的總複習。

一九九一年我利用了五十二天的空檔，禁足自學「妙雲集」，前前後後反覆地閱讀，更加清楚導師的佛學架構，他建立於《印度佛教思想史》的系統。

圖像是跟著思想走，剛開始是為了佛教藝術才讀《印度佛教思想史》，所以要理解佛教藝術，不能不清楚佛教思想史。讀《印度佛教思想史》，我必須透過放下萬緣，心無旁鶩、專心一意的狀況，才有因緣能夠讀懂一點。那兩個月中，我足不出房門，起初因為沒有走動，雙腳很快地腫脹了起來，就以禮佛、拜佛及經行，作為運動。當時一口氣讀完導師的著作約二十餘本，先前的疑問，忽然間雲消霧散、豁然開朗，讀得我心花怒放，法喜充滿！這段時間的禁足閱讀，也讀通了《八識規矩頌》，似乎喚醒我過去世的因緣，讓我佛法的眾多種子甦醒過來，爾後的講課，就比較悠遊自在，游刃有餘。

我這輩子一直是忙忙碌碌，教學是我最大的興趣，也是我生命的全部。在教學的過程，都是一遍又一遍地教學相長，一次又一次地從現實生活中去體會，尤其二〇〇七年我離開法源講寺的糾結，正是考驗著我是否能將佛法付諸於行動。說得容易，放得下最為困難。還好，有緣起性空的般若思想，不斷地思惟、練習，自然也釋懷不少，這些的體會往往都是從教學中得到觸發，自己更是最大的受益者。般若就像「通樂」，一通就樂，又可以「三根普被」，所以，我願意追隨導師的腳步，盡力去弘揚般若思想，利益眾生。

圖解式講經，弘法利器

效法歷代大僧，規劃科判

由於建築系工學院的訓練，我往往先以整體性的結構、系統性的整合來理解佛法，再配合科判表透析整部經文的層次架構與邏輯，有時也會使用圖像或圖表來說明，讓大家有機會透過鳥瞰的方式來理解。出家後，我也常常跟家父分享法義，〈十法界圖〉就是家父聽我敘述後所畫出來的，同時也是開啟我以圖像弘法的始源。

「科判表」就是總綱領。歷代的高僧大德將經論的內容做成科判表，從科判表就可以知道整部經的大架構。其次，佛教思想史的演變也很重要，我們就此可以把各部經放在該放的位置，容易歸類，切入點也會準確。

出國講法時間短，經變圖可幫助聽眾更快速理解。淨土法門重念佛，但也需要觀佛國淨土。我們心裡的影像都是各現各的，經變圖可以幫助我們在念佛的時候，觀想西方極樂世界。同時，我也將經典中難讀懂的語彙，嘗試透過整理圖表、圖解等方式，讓聽眾清楚導師的意涵，一起共享佛陀的智慧與慈悲，依循著這股佛法的力量學習，這股菩薩道的實踐，竟

修行過程

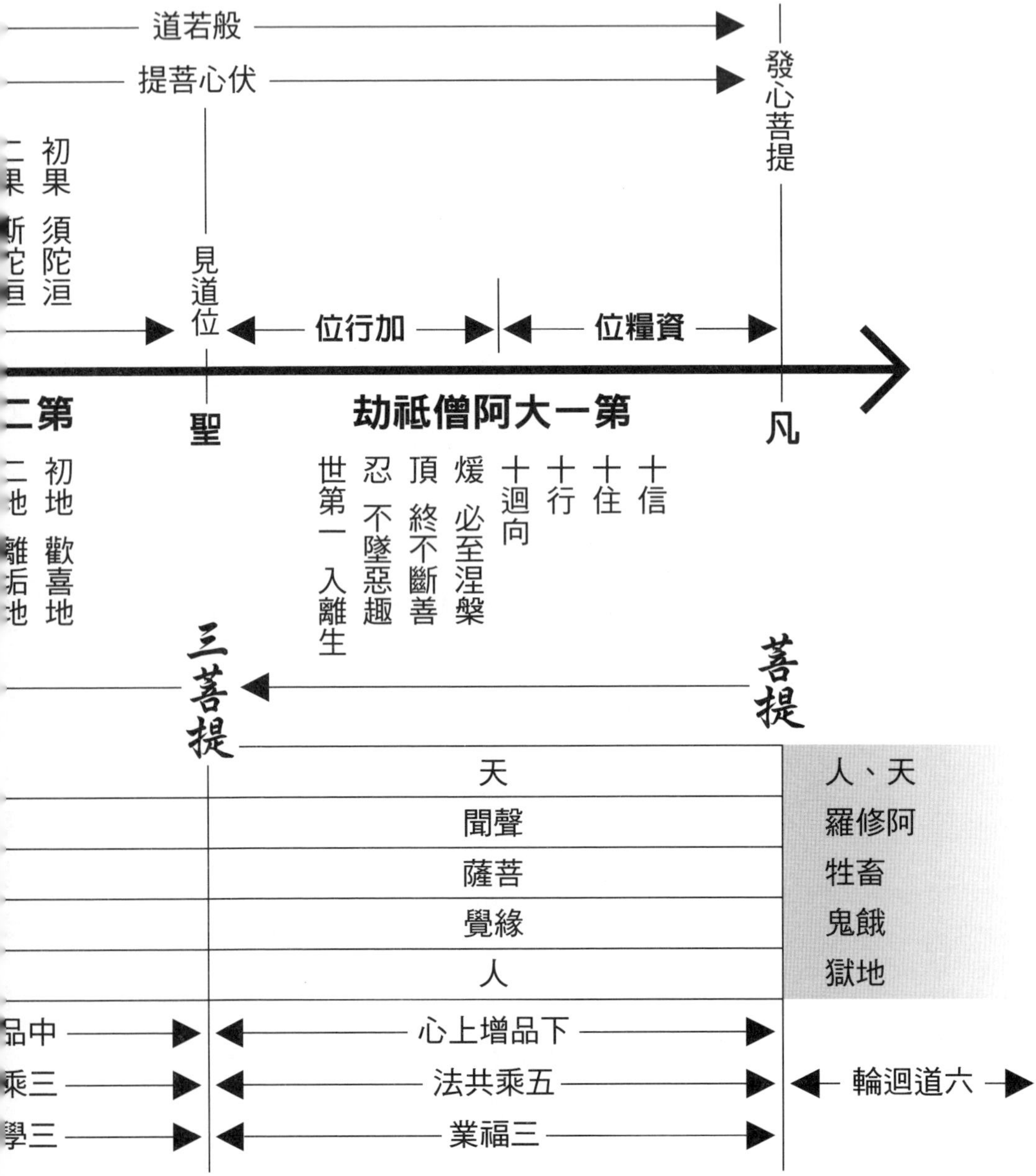
般若道
伏心菩提
發心菩提
初果 須陀洹
見道位
加行位
資糧位
第一大阿僧祇劫
聖
凡
初地 歡喜地
煖 必至涅槃
頂 終不斷善
忍 不墜惡趣
世第一 入離生
十迴向
十行
十住
十信
三菩提
菩提
天
聲聞
菩薩
緣覺
人
天、人
阿修羅
畜牲
餓鬼
地獄
下品增上心
五乘共法
三福業
六道輪迴

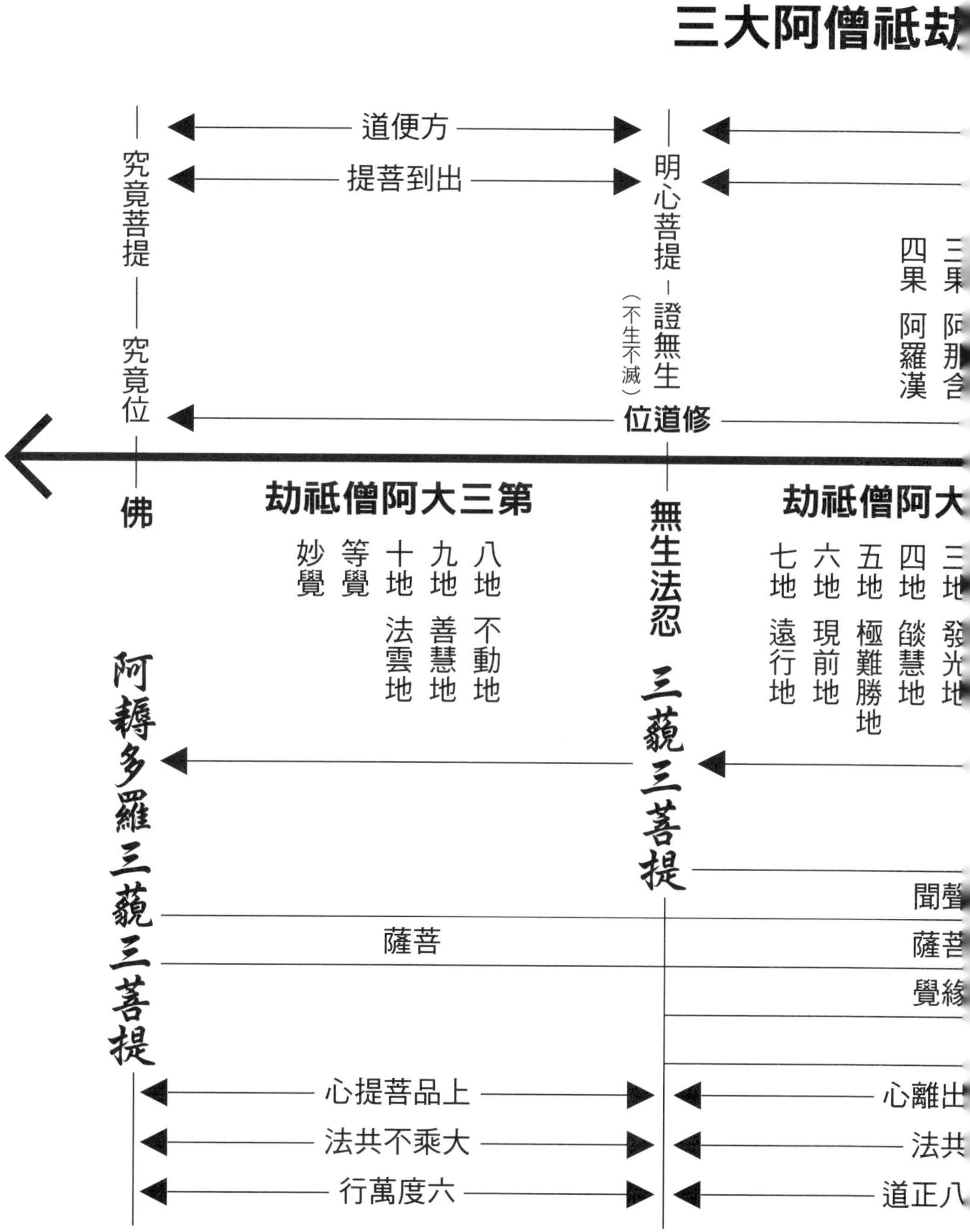
三大阿僧祇
方便道
出到菩提
究竟菩提
究竟位
明心菩提
證無生
（不生不滅）
三果
阿那
四果
阿羅漢
修道位
佛
第三大阿僧祇劫
八地 不動地
九地 善慧地
十地 法雲地
等覺
妙覺
無生法忍
大阿僧祇劫
三地
四地 燄慧地
五地 極難勝地
六地 現前地
七地 遠行地
阿耨多羅三藐三菩提
三藐三菩提
菩薩
聲聞
菩薩
緣覺
上品菩提心
出離心
大乘不共法
共法
六度萬行
八正道

然也獲得了無限的能量。我的理念是只要眾生不嫌棄，我都願意隨緣盡分地講課。

八識熊掌圖與生命無始無終的數線

從唯識的生命現象，可以理解佛法對我們的重要性，唯識系統可說是佛教心理學，用來理解種種生命流轉的現象。然而唯識的名相很多，初學者一開始都被這些名相搞得糊里糊塗，不容易清楚它的思想架構。我也一樣，剛開始透過自修方式，找了很多相關書籍，讀讀翻翻、拼拼湊湊累積了一些觀念，漸漸地感受到它不只是生活層次，更有探討生命流轉的認識和轉化。

我從唯識架構生命的橫向數線，表示無始無終的過去與未來，一輩子一輩子的連結，結合八識的熊掌圖，呈現生生不已的生命之流的現象。而縱向數線，則能清楚明白修習佛法的歷程，就是透過般若道——緣起性空的遊戲規則，讓我們難行能行的修行過程，一步一腳印地堅持走下去。

因為這層深刻的體會，讓我在唯識學中找到安身立命的根基。今生如此，一定跟過去宿世因緣有關係，而今生點點滴滴的努力與耕耘，也必然會影響著未來。過去心不可得，惟有落實在當下的生活中，努力累積無盡未來世的福報與智慧資糧，才是學佛正確的道路，至此，我不再妄想一步登天、即世成佛。

中觀與唯識，兩把刷子通解生命本質

唯識（又稱瑜伽系，虛妄唯識系）與中觀（也稱般若系，性空唯名系），是我們踏入大乘佛法大門的兩把刷子，分別從法相、法性來談，法相看到的是諸法表相，而諸法表相是比較表淺千變萬化的感性部分；法性理解到的是法性空慧，法性空慧是比較深沉不變的原理性部分。

唯識學講的是千變萬化的現象界，比較繁瑣，如果沒有透過耐心詳解、有系統引導進入，真得很難懂。我在中觀、唯識做比對，也是透過「三日尋燈」的課程，以集中而鳥瞰的方式，發現兩者很深厚的關係。如果沒有去探討，我們會覺得，為什麼唯識這麼講？為什麼般若、中觀那麼說？怎麼會有那麼大的差距？其實唯識就是講現象，般若就是講理則的部分，我常舉例說明，般若如同是講球賽變化萬千中的遊戲規則，唯識就是高潮迭起一局一局的賽事，非常複雜，但是懂規則就能看懂、就能欣賞球賽。

人生其實也是這樣，我們常因為理則搞不清楚，所以看不懂人生；當我們能夠透過清楚理則的狀況，就比較看懂複雜的人生起伏現象，對於生活中的種種磨難較能接受。一旦能夠接受人生曲曲折折的現象，會覺得比較好過，比較豁達一些。

出家人與在家人的體會，也會不一樣，在家人因為現實生活中的衝擊多，容易陷在其中，如果看得懂人生遊戲規則，反而有更深的體悟。所以我覺得隨緣講課，有機會在佛學院講的時候，我很願意，但是要針對普遍大眾來講，也是非常有意義，可協助大家有機會以濃縮精華方式，在短時間內理解佛法。我也是一次次的講學，寫下筆記、重點，反覆思惟，愈講愈清楚，愈講愈有深刻的體會。

從唯識了解生命的連貫

信眾常稱讚我講法的攝受力，覺得我是有個人魅力的師父，但我深信這是「法的力量」。長期聽法的居士金蓮師姐年紀很大，前幾年八十多歲了，還能獨自從木柵到北投聽經聞法，源於心力堅強。導師更是心力強固，雖然身體不好，卻很長壽，活到一百零一歲。

其實我讀中山女中時，慧日講堂就在學校後面，當時不知道有導師這樣偉大的人物，真是因緣不成熟的話，見面也不相識，必須等到十多年後出家，因緣方成熟，才能夠相應相契於導師的著作。

我也是從大乘佛法甚深法義的理解，才明白感受到，為什麼我這輩子年輕時，老是想出家，我相信是過去世，曾經發過今生出家的願，所以今生我會依然發願：「下輩子我一定還要繼續出家！」來世我出生後，必然又糊塗於世間的一切，但因為我今生發出家的願，肯定比較有因緣突破萬難，繼續出家。我願意生生世世再來人間，重回人間並不困難，困難的是我們都有隔陰之迷，如果我們都能發繼續修行的大願，就不會又迷糊在生死輪迴的苦海當中。

我們要深入佛法的大海，確實要從理解生命開始。如果不相信生命的輪迴，是不可能深入佛法的，因為我們只是肉眼見到今生，眼前的一切現象，其實不是只有這輩子的事情，我們真要思考清楚，「生從何來，死往何去？」上輩子的我，如何連結到今生，來生又要去哪裡？唯識學能提供明白而清楚的答案，解開這生命的密碼。

以建築架構開闢修行路

我講這些經論，對自己學佛的心路歷程、修行是有幫助的。這種方式不僅普及導師的思想，也可以讓更多的人有機會讀到導師的書，若因為這樣受到啟發，之後就可以自己再去深入。導師除了「妙雲集」之外，還有論述深入的專書，整個系統非常完備。有興趣可先從大架構下手，再繼續深入其中，必然收穫無窮。

我個人比較擅長於去找到大的架構，對很細微的東西倒不是有太大的興趣，不過整個大架構清楚之後，有一些細節的東西就可以去做比對了。做學問也不見得知道大架構，大概都是從某個角度就進去了，總之，我不是站在學術的立場弘揚佛法，是希望透過整體架構，理出修行的道路。

注重大架構跟我讀建築有非常大的關係，大架構不清楚的書籍，我就讀不進去。就像看建築，不清楚整個結構系統，就無法掌握整體與細節。建築很實用，而且也很普遍，因為大家都是在建築裡面的生活經驗，所以透過建築來談佛法，很容易明白。

第六章
走出傳統，佛寺管理觀念現代化

傳統的寺院大都以法會為主，我在法源講寺出家後，常利用法會空檔講經、開闢說法場所及多媒體弘法方式，並建立信徒會員制，將財務電腦化便於記帳，也與寺院、學界合作，開發課程內容。

佛教藝術的人才啟發與培養

我出家三、四年後，在一九八九年舉辦了高中佛學營，一九九〇年開始舉辦大專佛教藝術研習營，但這些活動在傳統出家人看來好像沒有意義，他們無法理解為什麼要搞一大堆事來忙？尤其辦理冬令營、夏令營、佛教藝術研習營，簡陋的設備，一大群人的吃、住、上課場所、課程等問題要解決，每次都累得人仰馬翻。雖然我也曾想不要再辦了，但時間一到，我又想到能用此方便善巧方式接引眾生，尤其是對年輕人的種種意義，我又不由自主地依舊舉辦。

幸好那幾年堅持辦下來，現在全臺很多美術館、科學博物館工作人員，有不少是以前來聽過課的，啟發了有藝術涵養又有善根的學生，走上美術或佛教藝術的道路。

我認為應該培養一個金字塔型的結構，以有愛好與欣賞的群眾為基礎，金字塔的上面是正式進入佛教藝術研究領域的研究生，再上則是培養出來的師資，最頂上就是佛教藝術學術領域的專家學者。我們要培養人才研究佛藝或發展興趣，因此有些佛教藝術領域的研究生，也是經過佛教藝術研習營的薰陶而進入的。

不遺餘力開設佛學課程

法源別苑的購置，讓我得以安排各種課程，但是有了別苑之後，跟常住的看法還是有很大的不同，因為別苑是常住出資的，雖以查封的錢為基礎，常住還要負擔貸款。而且別苑一直都是我在使用，常住師父們並沒有參與，在這樣的狀況下，難免溝通不良。

然而，位在市區的講堂交通便利，容易接引眾生，這是我理想的弘法場所，雖然沒有寺院道場的宏偉及大型法會的護持，收入有限，但是站在教育立場，這是值得投資的。我努力讓別苑經濟獨立，才能全力運作、發揮最佳功能，雖然經濟效益並不能馬上看到，但會有長久的影響力。

別苑成立之前，我已經在常住講了幾年佛學課，後來因為聽眾的時間及地點不方便，又去借用培英國中，利用週六下午的空教室講課，還有關東橋居士的「菩提經閣」、交通大學佛學社邀請授課等等，因此我有講課的基礎與聽眾。當常住擁有法源別苑後，我主動規劃課程，於一九九一年啟用，我一個禮拜可以開課多天，遇到特殊課程再去邀請師資，這裡幾乎是我自己講課。一九九二年底因開設新課程必須對外宣傳，開始發行《覺風期刊》，這在傳統佛教界是少見的。

我請熅如擔任別苑總管，她是一位很虔誠的佛教徒，畢業於成功大學會計系、中華佛研所，非常熱心。她曾經協助臺南市妙心寺完成整套《中華佛教百科全書》，後來又到臺北恆清法師身邊協助「臺大佛學資料庫」的建立。我等了她好幾年，好不容易在一九九九年才將她網羅到新竹來共事。她願意到新竹工作的原因，一是福嚴佛學院厚觀法師的緣故；二是在法源別苑可以獨立運作，發揮所長。我一向不認同志工服務侷限於自己寺院的範圍，認為只要是正信佛教界，其實都可以跨領域服務，職工與志工乃至出家人亦復如是。

我想熅如能來新竹法源別苑服務，也算是對新竹佛教界有所貢獻。熅如負責覺風佛教藝術文化基金會所有業務，包括後來發行我弘法的一套套ＤＶＤ等，也都由她一手包辦。

最初別苑是以講課為主，並不容易長久運作，我和熖如都不知道能夠維持多久。因為以傳統寺院來說，常住很難長期支持這樣的方式，別苑必須自給自足，後來正是因為有了DVD的流通，算是挽救了別苑，也為網站的維持、相關DVD及書籍出版等業務提供了經費。我離開法源講寺前，熖如一直在法源別苑舉辦各式活動、課程。別苑從一九九一年到二〇〇七年間，幾乎是日日不輟，可以說是培養我們新竹地區佛弟子們法身慧命的重要道場。

與福嚴結盟發行《風城法音》

二〇〇〇年新竹壹同寺的幼稚園停辦，將閒置的空間無償借給福嚴佛學院作為推廣部的講堂。推廣部的內部裝潢設計是由我協助完成，從機能考慮，在同一個大空間，分成講堂與佛堂兩個垂直方向，讓上課與念佛共修，各具不同的面向。另外因別苑與推廣部同是講堂，有分散聽眾的壓力，所以考慮在課程安排上結盟。

二〇〇二年《風城法音》的發行，就是在此狀況下產生的，而法源別苑也正好面臨經濟壓力，因此採取分工合作的方式進行。我們已有別苑的基礎，繼續舉辦推廣部就很容易招到學生，加上許多聽眾已經在我們這裡熏習了幾年佛法，正好到推廣部繼續聽經聞法。

財務管理電腦化清晰分明

二〇〇〇年初我接任法源講寺住持兼管理帳目。二〇〇一年九月我攻讀成功大學建築研究所，二〇〇二年購買鄰地兩甲，接著開始電視弘法，帳目逐漸繁複，有現金帳、郵政劃撥帳、銀行信用卡帳，還有捐款必須分類，如支持土地捐款、電視弘法捐款、建設工程捐款、法會捐款等，這已經不是一般傳統記帳方式足以應對，如何進行帳目管理變得非常迫切需要。

剛好福嚴佛學院為了要計算學生的成績，請了Excel軟體專家來指導，我就順道一起學習，學會後我就使用Excel軟體，建立了法源講寺內部會計管理系統，一直沿用迄今近二十年。

佛寺管理是我的興趣，從小喜歡數學，對於數字有特殊的喜愛與敏銳度，因此才敢讀工學院建築系。家父有大型景觀雕塑都牽涉到工程問題，我擅長估算經費與藝術品報價，往往到舉辦活動的場地走一趟，大概可以知道一個活動需要花費多少。出家後運用這些專長管理寺院，對我來說並不困難，而且頗感得心應手。

科技弘法，聽經聞法與時俱進

從電視節目延伸至發行ＤＶＤ

我的電視弘法節目反應非常熱烈，當時就思考：「將來弘法節目發行的ＤＶＤ，是要結緣，還是要定價流通？」雖然佛教界都幾乎採取結緣的方式，但因我們所發行的ＤＶＤ是套裝的，成本很高，包括錄製費用、後製費用，發行流通至少要一千套的壓片費，頗難結緣。但若要定價流通，在佛教界又是非傳統行徑。不過後來我們還是採取定價流通的作法，我認為這是正確的。因為完全靠隨喜結緣很難長久；若採定價流通，出版者與使用者之間的關係明確，請購者比較會珍惜。

講課時，我最怕只講短短幾小時的課程或專題演講，因為時間太短，我反而不知道要講什麼，若是只論及皮毛，效果意義不大。所以我講述佛法，習慣上是成套的、有系統的，大約至少需要十多小時，才能完整闡述一部經典或論典，這也是弘法ＤＶＤ發行套裝的原因。另一方面，定價流通的方式也為我們開發了維持法源別苑的經費來源。

發行ＤＶＤ最難的部分是修改文字稿，將錄製內容打成字幕，即使有人代勞聽打，最後一校也需親力親為。沒有經過把關的字幕，怕會誤導觀眾，實在不敢外流。錄製一集五十分鐘的節目容易，但是一集的後製時間至少需要八至十小時以上，而且我是在許多事務的縫隙中找時間校對，尤其是在清晨與深夜，還有在機場等候起飛時，最不受干擾。我經常改稿到睡著又醒來，醒來又睡著，如此反覆再三！一集大約需校稿八、九千字，可說是最好的催眠曲，有時候我翻來覆去睡不著，拿起稿子校對，一下就可以入睡了。

我的電視弘法節目剛開始是由慈悲衛星電視臺錄製播放，當我們要發行ＤＶＤ時，我們擁有的智慧財產權並不完整，有鑑於此，從第三套ＤＶＤ開始，我們就自己出資錄製。後來有一位同業的居士表示願意免費幫我們錄製，如此成本又可以下降一些，但是合作的時間並不長。其實佛教課程節目錄影比較單純，五十分鐘的節目就是錄五十分鐘，即使ＮＧ也只是簡單的剪接，機器放著一直錄即可，不像一般製作一個介紹寺院的節目，半小時的長度，可能就要拍個兩、三天，非常費功夫，但要上市流通並不容易。

此外，在ＤＶＤ發行後，電視弘法在播映上產生新的問題。電視弘法起初是慈悲電視臺免費播出我的弘法節目，因為是「補缺」的播放時段。後來慈悲臺希望我們買電視播映時段，每天播放一個鐘頭，一個月需要二十多萬元。這時候我們已經有發行ＤＶＤ的經驗與收入，才敢答應，而且前面有一段「免費時期」，多少有些基礎觀眾；再者一方面有發行ＤＶＤ的經費來源，一方面逐漸有觀眾願意隨喜贊助電視弘法費用，兩者加起來，不足部分再由常住支付，也是後來能夠持續在電視臺播放的因素。

建立覺風網路電視隨選隨看

二〇〇八年經過金融海嘯的洗禮，慈悲衛星電視臺受到影響，經費不足，在臺灣各地的播放範圍逐漸縮水。二〇〇九年我們建立了屬於自己的電視臺——覺風全球網站電視臺。網站電視臺的建立，使我從此出國弘法不需要再扛著沉重的DVD奔走，能接引的信眾更為廣泛，甚至連中國及海外，常有觀眾跨海來臺找我。但也逐漸造成DVD的滯銷，這是必然的趨勢。

二〇一二年起，覺風學院與永修精舍每個月第二、三週的週六有佛法大課程，還有第四週的週六「佛教藝術」專題課程，寒、暑假的三日、五日及十日尋燈佛法專題，都以開啟直播方式，全球同步，無遠弗屆地宣揚到世界各個角落。

此外，有鑒於現在智慧型手機的普及，幾乎人手一機。二〇一六年我們更將原來的官方網站，改版為「覺風二・〇」手機版，讓大家能夠方便地在手機上瀏覽覺風網站，可隨時隨地閱覽各種資訊及佛法與佛教藝術課程。

一機在手隨時隨地播經研讀

覺風網站電視臺二〇〇九年正式開播，ＤＶＤ逐漸滯銷，這對經營者而言是很矛盾的問題。雖然需要花費更多經費經營網站，但考量給予大眾更方便聽經聞法，是我一貫秉持弘法使命的原則，也顧不得現實問題，只能勇敢地走下去，幸而後來有居士提出「雲端弘法」護持，方能持續不輟。

剛開始幾年ＤＶＤ銷路減少，還不覺得嚴重，但是到了大約二〇一四年逐漸明顯，二〇一六年幾乎停擺。這段期間我們除了轉變為由覺風基金會自行錄製與製作ＤＶＤ，以降低成本；二〇一八年開始計畫與籌備，尋找更科技的產品，更方便能裝載近一千六百集的弘法影片。二〇一九年終於找到播經機，這是由臺商蓁蓁居士發心促成，可謂出力又出錢，還有戴裕國居士的加入，他負責處理播經機內部ＳＤ卡的壓縮、排版等問題，這臺機器相當跟得上科技潮流，可謂是「一機在手，行遍天下」。

疫情中與法師「心靈加油站」見

二〇二〇年初新冠肺炎疫情嚴峻，不斷地延燒，臺灣全民配合戴口罩、勤洗手等生活習慣，具有防疫概念與意識，疫情算是全球控制得當的模範地區。有鑑於群聚易引發感染，宗教界早已幾乎取消二至六月會聚集人數較多的教育課程與活動，改用網站遠距教學。

我們三月進行兩次直播聊天室，與信眾與學員雙向溝通，主題是「防疫不放逸」，我親上直播說明如何面對疫情，並搭配播放我講說的《藥師琉璃本願功德經》佛法節目。雖然許多課程都停課了，但是提醒大家不要懈怠放逸，更應該打起精神，對道心道業仍應好好用功，大家共同修持「藥師法門」，面對嚴重的疫情，加強心靈充電，才是防疫的上上策。

四、五月起，眼見著國際間對於疫情與醫療對應方面仍然束手無策。由於我們預訂的各項佛法課程都暫時停止，於是我們進行「心靈防疫」的直播主題，讓佛法照亮我們的心。原本每個月覺風學院與永修精舍的《大智度論》大課程、法玄法師的《中阿含經》課程，都透過網站直播方式，恢復課程教學。另外每週二晚上開設「聖地與經典」課程，透過網站聊天室雙向溝通，以簡報軟體帶著大家跟隨我們回顧今年二月印度佛教石窟暨朝聖之旅，並配合這個主題，將我講的《印度佛教思想史暨美術史略》精華版三十集，加上摘要，分兩個月播放。永修精舍的「藥師懺法會」及「浴佛法會」也進行直播。以上都是因應疫情所作的課程調整，並運用網際網路，將佛法與法會傳送到每個家庭。

二〇二〇年四月中旬，我們配合法鼓出版社籌備半年之久的《解開生命的密碼——八識規矩頌講記》終於出版了。出版以來，我簽了幾千本的書籍，到十月初已第四刷，每刷兩千本，反應異常熱烈。回想二〇〇二年我的第一套弘法VCD也引起轟動的迴響，《八識規矩頌講記》的錄製與播放，與現在書本的出版與發行，可以說是諸佛菩薩及玄奘大師送給我的禮物，也是我電視弘法與書本出版的「起家寶」。

六月「心靈加油站」直播《解開生命的密碼——八識規矩頌講記》這本書的導讀，並且整個月播放《八識規矩頌講記》佛法節目。另外《大智度論》全本與六波羅蜜的課程，還有法玄法師的《中阿含經》課程依然持續直播，與大眾結緣。六月疫情逐漸減緩，我們特別舉辦「賢達營」的聯誼活動，利用六月第二週的週日下午，讓二〇二〇年一月參加過「賢達二日營」的學員們再回到覺風學院聚會，聽聽我為他們講解《心經》課程與聯誼活動。

以企業經營觀管理寺院

寺院的經營主要是為利益眾生，眾生受益，經營與佛法有關的法會、共修會、課程、活動，自然會有人參與，寺院就必然能有所收入。這些收入除了維持僧人日常開銷、寺院維護費用，行有餘力之時，還可以護持其他的佛寺，或做社會益活動。

經營管理在企業界是非常重要的觀念，但是在佛教界比較不受重視，因為有些出家眾很怕背離了修行，認為經營是很世俗的事情。但是一個真正好的修行環境也要有人去經營，最重要的核心價值是啟發佛弟子的道心道業，其中不過是運用一些權巧變通的方法，經營只是現代的術語。

在經營上，應該擔心是否會過於商業化、企業化，而不是不去經營管理，不然四大名山怎麼產生的？如果沒有經營管理的概念，寺院是很難維持的，身為住持、當家及核心執事，就必須做這些事情。另外，即使寺院是以自修為主，好好地修行也是一種管理，「一個羅漢一個齋」，其實一樣可以感召相應者的支持。

臺灣四大山頭重視經營，使佛教生態逐漸走上企業營運的方式。佛法相關書籍的出版、發行，電視臺的設立等，都是經營項目。星雲大師、聖嚴法師就擅於著書立說，佛法經過出版發行才能普遍。佛光山的分院有滴水坊營運，慈濟有靜思書軒，開發了許多產品，提供多元的入門接引。

淨心法師曾經在佛教會的會議上說：「我們現在不能只靠募款，要多買一些土地，多種一些青菜。」他的意思，其實就是要透過經營的方式，維持寺院正常運作，並不是買土地來種菜經營，進行佛法的弘化。

佛塔可修行可安身可度眾

從印度佛教思想史來看，舍利塔於寺院中是最為尊貴的，因為佛陀在世，以佛陀為主，佛陀入滅後，則以佛陀及聖弟子的舍利塔為主，舍利塔已經成為寺院中的重要建築，也是禮拜的核心所在，如此代代相傳。

至今斯里蘭卡仍保存原始佛教的特色，寺院的重要地點都設有舍利塔，意義非常明顯。大約西元一世紀，佛教傳到中國，舍利塔蓋在大殿的正前方，是佛陀舍利的表徵，後來逐漸放置於大殿的兩旁，再後來，塔的位置愈移愈邊緣了。國民政府遷臺後，臺灣由日式佛教轉為漢傳佛教，政府鼓勵寺院設塔，推動火化，轉土葬為火葬。因此，塔的經營就成為早期寺院的收入來源，也成為接引讓眾生修行的最佳管道。乃至還有經濟能力興辦佛學院，提供出家人生活上所有一切費用。

法源講寺的華藏寶塔，本來也是為了紀念開山祖師斌宗法師而建築的高僧塔，但在普遍貧困的一九六〇年代，也有部份居士入塔安奉。近二十多年來，在殯葬管理條例下，早期寺院建築的靈骨塔，因種種法規條例限制下，反而要去解決非法存在的問題。從古老的神聖禮拜空間，經政府鼓勵蓋塔，到現在寺院面臨的窘境，實在有很大的變化。在殯葬業者商機、專業、企業化的合法經營之後，佛寺的靈骨塔只能維持現況。

各界眾志成城成就大事業

我們是佛教界的小道場，但是可用結盟的方式與其他領域辦理活動，聯合眾人力量成就大事業，各方都不會太吃力。

過往比較重要的活動，可以從一九九七年說起，當年我和林志成建築師曾經邀約李安瑞老師共同組織「佛教建築研究中心」，平時除了進行佛教建築的設計與檢討，還準備安排翌年的「一九九八年佛教建築設計與發展國際學術研討會暨建築模型展」，我們邀請慧炬佛學會共同舉辦，會議地點在剛落成不久的臺北市慧日講堂，也是我與朱景宏建築師合作設計的佛教建築之一。

由於受到印順導師「人間佛教」思想的影響非常大，二〇〇四年欣逢印順導師百歲嵩壽，覺風基金會在玄奘大學國際會議廳發起舉辦「印順導師百年嵩壽聯合弘法會」，結合了新竹佛教會、新竹佛教青年會、中華佛教比丘尼協會、福嚴佛學院、慧日講堂、生命電視臺、佛衛慈悲臺等共同合辦。

二〇〇二至二〇〇六年，《風城法音》雜誌採取結盟的方式，結合福嚴佛學院、玄奘大學宗教研究所、中華佛青會等共同辦理出版，刊登新竹地區的佛教課程及活動。

二〇〇六年我們在中華大學的「臨終關懷」活動，也是以結盟方式辦理，四天的課程有將近三百個人聽課。由蓮花基金會、鄭再傳基金會以及覺風基金會合辦；鄭再傳基金會出資，我們出志工，蓮花基金會出師資。三個單位結合，才能輕鬆圓滿地舉辦利益眾生的課程。

法鼓山二〇〇五年落成，聖嚴法師希望將法鼓山的建築經驗分享給更多教界、學界與業界的人，我建議用學術研討會的方式進行，以當代佛教建築的傳統與現代的議題為主，分四個主題，其中一個主題以法鼓山為主。聖嚴法師採納了我的建議，由他親自擔任總召集人，我擔任副總召集人，地點就在法鼓山世界佛教教育園區。

一九九六年之前，覺風基金會連續舉辦過七屆「大專佛教藝術研習營」，後來因為種種因緣停辦十年之久，不斷有考慮再度恢復，但實非易事。還好在二〇〇七年顏娟英教授主持策劃，由行政院國家科學委員會與中央研究院主辦，並由臺大佛學研究中心、法鼓山中華佛研所及覺風基金會協辦，共同成就「亞洲佛教藝術研習營」，之後就由覺風基金會主辦，一直持續迄今，加上前面七屆，算是已進行二十二屆。二〇二〇年因為疫情，第二十三屆亞藝營停辦，實屬可惜。

由傳統寺院走向現代道場的印記：一九九一年迄今

法源別苑宣講經典

法源講寺由師公斌宗法師開山，保持講經弘法為主的道風。我於一九八六年出家後，曾於華嚴佛學院、福嚴佛學院講課。一九九一年因緣際會，法源講寺設立法源別苑，成為市區的弘法道場，也就是以講堂方式接引大眾，亦成為我主動安排佛法課程的場所，可貴的是開課能不受時間限制，可以將整部經典、論典，以幾年時間詳細地講，也可以濃縮為三日或十日密集地講，並開啟全國、海內外、電視弘法，並發行DVD弘講，這段經歷在二〇〇七年離開法源講寺而暫告一段落。後來到了永修精舍及北投覺風學院，也未曾停辦。

法源禪林山林修行

二〇〇〇年元旦，法源講寺後山荔枝園發生火災，由於完全沒有上山的路，搶救不便，燒了一小片山林，因此當時記取教訓，在災後就開出一條上山小路。農曆年後，大師父與五師父要我接任法源講寺住持，計畫開展多項活動，年底就邀請馬來西亞的開印法師來寺教授初級禪修；二〇〇一年夏天則邀請開恩法師教授禪修。

二〇〇二年舉辦了「壬午結夏安居」，夏天在大殿不開冷氣是很悶熱的，但是開冷氣又不適合禪修，我靈機一動，何不上山到荔枝園禪修？說做就做，立刻上去考察地點，山林中非常涼快又自然，很適合南傳佛教的禪修。唯一不足的是一切荒蕪，只能勉強又克難地使用，卻也很合乎原始的道風。「結夏安居」禪修結束後，我和大師父與五師父商量後，就在山上建設禪林。

我找沈僥宜居士合作，規劃設計了一個多月後開始動工。首先從原來三樓法堂後面，延伸出一個大平台，開墾出一條道路，拾級而上到入口處，則蓋了一棟通風的大涼亭，兼做接待場所，必要時還可以作為半戶外的小講堂，接著沿著山脊線蓋了佛堂與二十多間小木屋，還有大眾使用的衛浴設備與洗衣房，最尾端則蓋了一棟小玻璃屋，作為禪師的小參室；山脊線下正好是一層層的坡地，如同梯田一般，坡地擺上一塊塊的木台座，高高懸起傘帳，一共擺下六、七十禪座。

為了配合圓圓的傘帳，我們將佛堂也設計成圓型的佛堂，由於有高低差，下層設計為儲藏室，儲藏室外面則成為有落差的瀑布，讓禪修者在樹林底下禪修，除可以聽到蟲鳴鳥叫，沙沙沙地樹葉聲，還可以聽到潺潺的流水聲。十一月中旬完成主要建設，下旬就開始舉辦「冬安居」禪修；接著連續幾年舉辦了夏安居與春安居禪修、啟蒙禪修、精進禪十、禪七等，每年至少三、四回，直到二〇〇七年我離開，總共舉辦了二、三十回禪修課程。

北投覺風環境整理

二〇一〇年我們法拍到北投覺風園區十甲土地，二〇一一年正月與日本安藤忠雄大師簽訂設計合約，九月舊舍啟用。再經一年的籌備，二〇一二年九月覺風學院正式開學，二〇一三年周邊環境初次整修，搭建臨時大寮及前庭帳篷，二〇一四年再度進行大門與停車場修建，分為井然有序的三層高度，並綠地美化。臺北市政府於鄰地第三公墓進行搬遷，二〇一五年四千多個墓搬遷完畢。二〇一六至二〇一七年市政府為開發為公園，進行十次公聽會。二〇一六年，我們再度赴日與安藤大師詳談設計合約與理念。

新竹覺風文化弘法

二〇一五年慈心幼稚園不敵少子化的衝擊，幾經考慮，結束了幼兒教育事業。二〇一六年進行整體整修改建，本計畫將大空間整頓為大教室，又多了好幾間教室與半戶外廣場。正好黃運喜教授提議建設成為「覺風書院」並於二〇一七年啟用，也為老化的社會增加長者的使用機會。整體課程規劃也隨之改變，除了原來的佛法課程與法會，文化藝術課程更擴大到古箏、古琴、自然療癒、易經等約三十七種課程。二〇一八年永修精舍旁「淨業院」由文化部資產審議會指定為新竹市政府「市定古蹟」。

永修精舍關懷長者

黃運喜教授與幾位好友組織了「大千佛教企業公司」，專門協助有意照顧長者的寺院，並向市政府登記為「關懷據點」。二〇一八年前來永修精舍指導我們，秉承著覺風書院兩年的基礎，由熅如全權進行策劃，於二〇一九年三月正式運作。除了「關懷據點」以外，尚有「樂活食堂」，下半年度更成立了C級巷弄，志工可以在個人「時間銀行」累積日後備用的時數，自利又利他。

二〇二〇年正值新冠肺炎肆虐，疫情嚴峻，因此覺風學院、書院及據點等的課程、法會與活動都暫時停止。五月下旬疫情趨緩，新竹市政府選定我們為示範據點，舉行記者會宣布配合政府推動「防疫新生活」運動，大家除了持續做好各項防疫措施，也於六月初開放據點，重啟課程，讓長輩安心放心地接受服務，歡樂開懷、開心受益，逐漸課程亦趨於正常。

第七章

藝術與佛心永不退轉

人類的溝通主要是靠二大類：表義名言及顯境名言。表義名言代表著語言、文字與思想；而顯境名言，經常以境界與圖像來表達。臺灣佛教藝術界的老前輩林保堯教授曾說，探討佛陀教導的修行境界有兩種：右手如同語言文字思想，左手則如同具體的圖像與境界，我們應該雙手並用，才能周全地發掘佛陀教育的源頭與本懷。

藉由佛教藝術能方便善巧地引導眾生入佛門，因為人對圖像的認知與感覺是非常直接的。佛、菩薩、羅漢像的慈悲與智慧，所形成的寂靜法像，可以直接影響觀看者的心情。所以當我們心情不好，就會去寺裡拜佛，更進一步會去探討背後深厚的佛法教義，透過佛法思想的意業，又影響了我們口業與身業的修行，讓修行一點一滴地改變我們的做人處世，也就是從凡夫逐漸踏上「向善修福報，向上修智慧」的成佛之道。

首本佛藝專書

我在出家以前接觸的多是藝術範疇，出家後的生活主要面向是佛法，這兩部分的連結整合，一直是我比較關心的部分。

如何從佛教藝術去下手？起初是困難的，因為精研這方面的專家畢竟是少數。直到認識林保堯教授、顏娟英教授、李玉珉教授、陳清香教授，這四位算是臺灣佛教藝術界推廣佛教的第一代。明復法師曾經請陳清香教授辦了一份《佛教藝術季刊》，可惜發行四期就停刊了。當時我剛出家，看到這份佛教藝術雜誌覺得很感動，那時候我不理解佛教藝術應該如何推廣。

在兩岸開放之前，一九六九年旅居美國的陳哲敬先生，是一位知名的雕塑家，因為被博物館中的佛像吸引與震撼，遂踏上搶救中國佛教雕像流失海外的艱辛之路，一九八三年將其收藏的佛教雕刻相關作品，送到臺灣國立歷史博物館展覽，引起轟動。陳先生是家父的好朋友，展覽過程中家父提供許多意見給他。展覽過後，家父建議陳先生將收藏品出版成書，就是覺風基金會出版的第一本佛教藝術專書《中國古佛雕》。

在編輯這本書時，林保堯教授主動發心協助，基金會邀請他主編審稿。其中創下幾項前所未有的紀錄：一是書名為趙樸初先生所題字；二是印順導師為此書寫了一篇序文，導師幾乎沒有寫過佛教藝術方面的序文，相當難得，這篇序文也收進導師作品集《華雨集》。

也因為這本書的出版，我開始與佛教藝術界多位教授們來往，並繼續出版了許多佛教藝術專業的書籍，成為研究欣賞佛教藝術領域不可或缺的書籍。

發行《覺風期刊》紀錄佛藝佛法推廣

一九九二年底發行《覺風期刊》，這是為了安排法源別苑課程的公告與紀錄。第一期的刊物完全是純手工製作，由我自己剪貼編排，再拿去印刷。為了讓刊物留下清楚的紀錄，各種活動過程中要不斷地記錄，才不會忘記，也因為辦雜誌，就必須「超前部署」，安排下一期的活動與課程，當雜誌出刊時，課程必然已經安排好了，我就依時間去執行完成。只要清楚當下要做什麼，這就是隨順因緣了。

《覺風期刊》前十期都是我一手作業包辦，後來兒童讀經班的幾位老師加入，大家一起浸在千千工作室中，只要到了現場，馬上進入編輯作業，一期刊物要花上好幾天，每天常常忙到三更半夜。

直到二〇〇二年六月，《覺風期刊》已出版三十六期，改辦《風城法音》，由福嚴佛學院、中華佛青會新竹分會以及玄奘大學黃運喜教授共同主編。大家都在新竹地區，彼此熟悉，共同發行刊物後，課程上的安排可以比較豐富，並可避免課程的衝突，再者主要是法源別苑經費已經捉襟見肘。

二〇〇六年福嚴佛學院要自己出版刊物，我們就繼續出版《覺風期刊》。二〇〇六年三月第三十七期復刊，一季一次，在手上沒有任何稿件的情況下，一期還沒忙完，又要規劃下一期。往往在邊寫稿邊編輯的種種壓力下，堅持到二〇〇七年十二月第四十三期才告中斷，而我已於七月離開法源講寺。接下來一年半當中只發行五期《覺風會訊》，直到二〇〇九年六月再度復刊。

二〇一三年一月，第五十七期起改為全彩半年刊，迄二〇二〇年發行至第七十二期，這份刊物我投入不少心力，也因為不斷地紀錄才發現，出家以來雖然過程起起伏伏，但仍如此豐富。從初期《覺風期刊》十二張Ａ４的形式，一年發行四期，刊頭題字「自覺、覺他、覺行圓滿；竹風、風偃、風滿佛音」，佛教藝術與佛法講座仍是刊物的基調，質樸的版面中，看到摸索也看到充滿活力。

《覺風期刊》提供了《覺風三十》全套六冊年鑑的主要資料。本來於二〇一六年十月開始編輯，準備二〇一七年覺風三十週年，沒有想到一直編輯到二〇一九年八月才完成，總共耗時三整年。

弘法多元化

二〇〇二年三月我於高雄正信佛青會進行「二日尋燈」課程，順便錄製《八識規矩頌》弘法影片，後來提供給慈悲電視臺播放，引起熱烈迴響。二〇〇三年發行ＶＣＤ，也一樣熱銷，更沒有想到這套ＶＣＤ挽救了法源別苑的經濟困境。二〇〇四年起迄今以ＤＶＤ形式錄製發行，總共發行四大系列，總計四十套，將近一千六百集。

二〇〇九年起，建立「覺風全球網站電視臺」，無遠弗屆地傳播佛法到世界的任何角落，ＤＶＤ的流通量自然慢慢減少。二〇一四年起，鼓勵推動「贈法達人」，將弘法ＤＶＤ以三折流通價，贈送到各個寺院與圖書館。二〇一九年八月開始發行播經機「一機在手，行遍天下」，將一千六百集的影片濃縮在一片ＳＤ卡，方便信眾隨時隨地攜帶觀看。

弘法ＤＶＤ在過去曾經發揮極大作用，二〇〇七年起在美國弘法時，發現ＤＶＤ大量地流通，因為有聽眾從國外回來，便會請購弘法ＤＶＤ將其帶回僑居地分享；還有居士從美國把ＤＶＤ送進大陸，大陸聽眾常常打電話來，反應熱烈。

此外，覺風基金會多年來也整理發行佛法講義、佛教藝術專書、聖地旅行指南等書籍出版品，還有佛菩薩像、Ｔ恤、Ｌ夾等文創產品。基金會本著人間佛教的文化關懷，將佛法與佛教藝術以不同的形式落實於日常生活，深入到生命的層次，正面影響著我們的修行。

舉辦佛教藝術研習營

一九八九年因為出版《中國古佛雕》這本書，開始和佛教藝術界多位教授交往，並與林保堯教授籌劃與舉辦「大專佛教藝術研習營」，由其學生陳奕愷擔任課務執行，我們則由玫妃負責總務執行。於一九九〇至一九九六年共舉辦七屆，教授們從大學、研究所學術殿堂，走向民間於藝術研習營授課，讓一般學員都能學習到難得的專業課程。

「大專佛教藝術研習營」由林保堯、顏娟英、李玉珉、陳清香四位教授承擔課程；而專題以外的佛法課程，由當時在福嚴佛學院教書的法師們負責，讓學員們跟著出家人一起生活，做早、晚課誦，晚上法師們引導各小組「心靈夜話」，每每開啟話匣子都欲罷不能。研習期間全體師生共同住在寺院裡，感受佛教生活，與佛像文物藝術品有著更緊密的結合。當時大殿就兼具教室功能，大家面對大殿佛像作早、晚課誦，要上課時則轉個九十度角，利用東邊的空間，於牆面的《大正藏》書櫃立面貼上白報紙當作螢幕，並用黑色窗簾將大殿外面整片落地窗的光線遮住，以便投影幻燈片，再放置桌椅，就成為教室了，雖然相當克難，卻也另有一番風味。

一九九三至一九九六年，當時新竹師院有幾個學生到法源別苑聽課，我鼓勵他們創設佛學社，他們開學後真的辦理。後來大約有三年時間，研習營有新竹師院美術系、又是學佛的師生來支援。其實舉辦每一屆藝術營都相當辛苦，之前的高中營尚且簡單，有信徒的孩子們參加，剛開始常住還能接受，但到了大專佛教藝術營時，規模和困難度增加了，動員更多，學員們住在寺裡的干擾性大，出家師父作息難免受到影響。當時寺內確實沒有足夠的空間，我有想過也許等到有空間再來舉辦，事實上不見得因緣具足，所以每屆都是非常勉強地舉辦，也因此常發生各種大大小小的問題。

七屆的大專佛教藝術研習營，每屆都為期大約四到六天，住宿於法源講寺，當時並沒有宿舍設備，就在寺眾寮房外的廊道打地鋪，一切都很克難。記得二〇一七年第二十屆亞藝營時，李玉珉教授還懷念當時的情景，因為住在寺廟裡，有早課、晚課，晚上又有心靈夜話，最後一天晚上還有無盡燈的傳燈活動，實際感受佛寺的生活，真是令人懷念的歲月。佛教藝術是離不開僧團的，應該和僧人的生活完全結合在一起，但每屆都辦得很辛苦，一九九六年第七屆結束後，停辦了十年，二〇〇七年才以「亞洲佛教藝術研習營」繼續舉辦。

二〇〇六年初，聖嚴法師找我為法鼓山舉辦「佛教建築研討會」，而與法鼓山有較頻繁的接觸。二〇〇七年中研院顏娟英教授申請國科會合作計畫，舉辦亞洲佛教藝術研習營，活動前還舉行幾次小組長的培訓，顏教授要求得更嚴謹，規模更大。因為先有法鼓山佛教建築研討會的因緣，這次「二〇〇七亞洲佛教藝術研習營」，才有機會於法鼓山盛大舉行，主題是「傳統與創新」，顏教授舉辦了兩屆之後，就交由林保堯教授與覺風基金會接手；於龍山寺文化廣場舉辦五屆，二〇一二年還遠征到香港大學舉辦。二〇一三年才又回到覺風學院辦了三屆，因為人數太多容納不下，二〇一五、六年於「北藝大國際會議廳」舉辦，二〇一七年第二十屆於「台北市青少年活動處國際會議廳」舉辦，二〇一八、九年於「榮總致德樓國際會議廳」舉辦，二〇二〇年因為疫情而停辦。

走出課堂，追尋佛教傳播的足跡

我在規劃佛教藝術課程時，也秉持一貫的圖像式講授特色，希望能將真實的佛教藝術呈現在眾人眼前，因而構思出佛教朝聖之旅。

佛教藝術非常豐富，從歷史的縱軸來談，印度與中國都是佛教古國。印度佛教史可追溯到西元前五百年的根本佛教與原始佛教、部派佛教，初期大乘佛教、後期大乘佛教、祕密大乘佛教，直到佛教在印度滅亡的一二〇六年，縱貫一千七百年的歷史朝代；中國佛教史則可從東漢、魏、晉、南北朝、隋、唐、五代、宋、元、明、清到民國，縱貫兩千多年。

也可以從空間地域的橫軸，貫通自印度經中亞，北傳到中國、韓國、日本等地，南傳到斯里蘭卡、緬甸、柬埔寨、泰國、越南、馬來西亞、印尼、新加坡東南亞等地，並遠達南半球的澳洲、紐西蘭，另外也傳到西藏，及西傳到歐、美等地。

將歷史與地理結合的佛教朝聖之旅，會讓整個課程充滿生命力，是一段深度知性與感性之旅，尤其啟迪宗教情操，有別於一般旅行的走馬看花。因此我們的佛教藝術之旅非常搶手，一位難求，幾乎秒殺。

專家學者成為我們知性旅行的最佳導覽，法師則每天帶領大家早晚課誦，讓旅途心安。我也藉著旅行和大家共處多天的因緣，與大家拉近距離，往往旅行過後，大半以上的團員開始到覺風或永修精舍上課、參加法會，這也是我們接引信眾最優質的來源。

三十多年來，從印順導師字字珠璣地教誨，體會到「印度佛教思想史」的重要性，也引起我對印度美術史的高度關切，衍生一系列「印度佛教尋根之旅」相關的活動與課程，從人文與圖像，了解佛教思想史的演變因素。

中國佛教聖地的尋根與朝聖亦不能或缺，迄今舉辦過十多趟的中國、日本、韓國、斯里蘭卡、吳哥窟等參訪，也是以朝聖暨佛教藝術為導向。

七度回到印度尋找佛陀足跡

直至今日，《印度佛教思想史》的課程我已講了十多次，而「印度佛教朝聖與石窟之旅」也已舉辦七次。

一九九四年起，大約以一兩年的時間，詳細講解整部《印度佛教思想史》，一九九七年請印度人孔達拉老師到法源別苑講授「印度生活文化」課程。萬全準備之後，在一九九八年二月舉辦第一次「印度佛教朝聖之旅」；同年十月，再度帶了一團「印度佛教石窟之旅」。二〇〇八年十二月進行第三度「印度佛教朝聖與博物館之旅」，二〇一〇年十一月第四度「印度佛教石窟暨博物館之旅」，二〇一三年一月第五度「印度佛教十大石窟暨博物館之旅」，二〇一四年二月第六度「印度佛教朝聖之旅」。好幾年的時間，我著迷在印度佛教石窟空間中。接下來有多年沒有造訪印度，在二〇二〇年二月因為拍紀錄片之故，我進行第七度「印度佛教石窟暨朝聖之旅」。

印度佛教石窟空間靈活

佛教發源於印度，印度保留最早的佛教建築應該是阿育王的佛陀舍利塔，以最簡單的造型表達對佛陀的懷念。從空間分布來講，石窟保留最早的佛教生活空間，包含僧院窟（僧人的生活空間）、馬蹄型的支提堂（也就是禮拜的佛堂），是比較窄而深的禮拜空間，中國的寺院則是外寬內淺，一進門就見到佛像。

從中印到南印都有石窟遺跡，山奇的舍利塔與石窟都保留得不錯，而且比中國早了好幾百年。從印度的佛教石窟可以看到西元前兩百多年的活動空間，中國石窟最早的造像，遲至西元三百多年才出現。但是北傳佛教信眾去參訪印度佛教石窟的人並不多，反而日本人比較理解佛教藝術，常常到印度研究石窟。

自一九九八年舉辦印度佛教朝聖與石窟之旅後，我發現印度佛教石窟的空間運用非常靈活，很值得探討，也讓我決定再去就讀建築研究所。

現在臺灣佛教的建築空間，往往受到傳統宮殿形制的影響，應該還要往前追溯到印度的源頭。佛教建築跟大自然相得益彰，我們總是停留在中國式樣的佛寺造型，但現代工法已經很不一樣，如果還是一味仿斗拱、垂花、員光等木構造，受限很大，也是耗費甚大，充其量只是回到過去中國式的佛寺，並沒回反溯到印度原始佛教的精神。印度的石窟有禮拜與生活的區域，分得很清楚。中國石窟比較屬於禮佛的精神空間，缺乏生活空間。雖然少部分有禪窟，但是不多。

當然，印度石窟也不一定完全適用於現代，不過我們可以從石窟空間的處理，知道佛教生活空間本身應該是很活潑的、多元化的，因而我覺得佛教建築不一定要有固定的形式。中國傳統寺廟建築經常擺置很多裝飾，其實都可以簡化。

二〇一四年覺風主辦，由魏二郎教授帶領「第一〇八次印度八大聖地之旅」，共有一百六十人參與盛會，我以為那是最後一次造訪印度石窟。沒想到在二〇二〇年時我想為「楊英風紀錄片」加入新內容，加上符導演想要為覺風學院的佛教建築盡一分心力，並記錄臺灣與印度佛教的建築思惟，以及安藤忠雄大師參與這個時代的文化盛事，於是我又走了一趟。我總共參訪印度七次，可見印度石窟、印度佛教美術史在我心中的重要性。

去印度參訪通常有兩條路線，一是朝聖的路線，一是石窟的路線。一般佛教徒走朝聖路線，很少走石窟的路線，石窟路線也比較困難，但日本人就很愛走這段路線。我們第一次去時，兩條路線都走了一遍，歷時將近二十天行程。

朝聖路線有著宗教情操的氛圍，感覺很殊勝。每到一個聖地，那種身心的感受與參觀一般風景區有很大的差別。印度常讓人有著髒亂、無序，脫離現代的感覺，但是只要到了聖地，就會有種清涼、與世隔絕的感受。踏著兩千五百年前佛陀的足跡，走進經典上的「如是我聞，一時，佛在」的祇樹給孤獨園、毘舍離、靈鷲山、王舍城等，彷彿佛陀就在身邊說法！

當地景物已不同於佛陀的時代，但確實曾是佛陀所在的地方，如竹林精舍、尼連禪河、龍洞、正覺大塔菩提樹下。朝聖的地點，在佛陀時代本是印度非常富裕的地方，現在卻變得非常落後，讓人湧現很深的無常感。但到了石窟後又是更深的法喜充滿。

朝聖吸取智慧、培養情操

對朝聖與石窟參訪有興趣的讀者，我的建議是先朝聖，再去石窟。因為朝聖培養我們的宗教情操，有利於修行，先有修行的基礎，再參訪石窟。石窟內涵非常豐富，愈早期的圖像愈好，尤其是早期的山奇與阿姜塔，阿育王的夫人是山奇人，幫助阿育王取得王位，因此阿育王當了國王之後，為回饋山奇，就在山奇蓋了許多舍利塔。

舍利塔的周邊有玉垣、欄楯、門樓，表面雕了很多豐富的圖像，但是找不到佛像，原來他們使用很多象徵性的東西，代表佛陀的存在，例如法輪、腳印、菩提樹下、金剛座上、太子騎馬出城，馬背上只有傘蓋。

這種表現方式帶來很大的感動，更讓人有無窮的想像空間，因為佛陀是智慧與慈悲的化身，智慧與慈悲本來就很難具象化，看不到佛陀的具體形象，反而思考空間更大。佛陀在世，以佛陀為主，佛陀入滅後，則以舍利塔表示佛陀依然存在，也表現對佛陀長久的尊重。

佛教本來就是信智合一的宗教，念佛有種種好處，但是信仰必須有智慧的成分，再經過理解和抉擇，才會全心全意實踐。

印度佛像外傳的演變

佛陀在世的根本佛教與原始佛教時期是怎麼樣的環境，我們可從印度佛陀遺留下來的聖蹟考察來理解早期佛教的純樸。聖蹟所發生的種種佛傳故事，圖像方面可以參考來自博物館的佛教造像，但是那已經是大乘佛教興起之後了，此時才是有佛像的時代了。例如到了藍毗尼園，悉達多太子的出生地，以佛母摩耶夫人夢見白象入胎，還在右脇誕生了太子，乃至於天人為太子沐浴等圖像來作說明。

透過這類的文字語言加上圖像的介紹，比較容易了解佛教發展變化的過程，初傳到中國的佛教，當然也還是受到印度佛教的影響。所以佛教藝術還是要從印度佛教思想史理解起，畢竟源頭是在印度。不論後來傳到中亞，再往北傳到中國、韓國與日本的北傳佛教；或者往南傳到斯里蘭卡、東南亞的南傳佛教；或者由印度穿過喜馬拉雅山到達西藏的藏傳佛教，無不受到印度佛教的影響。透過歷史、地理與根源了解佛教史之演變，我想一般人相當有興趣，加上佛教美術史的融合，更覺得有收穫。在國外弘法，聽眾不一定是佛弟子，他們總是很有興趣聽講佛教藝術課程，因為有圖像輔佐，如同看圖說故事般，以潛移默化的方式，講課中再加入一些佛教思想，這是度化眾生入佛門的善巧方便。

從石窟到名山，中國的佛藝

中國絲路佛菩薩造像就是從希臘式轉成印度形式，又從印度經過中亞，再轉成中國式的形貌。印度造像又從西北印經過中亞，再沿著絲路來到中國，佛菩薩造像就從希臘人結合印度式，輾轉成為中國人的樣貌。

「願力」造就藝術絲路

我們的絲路考察開始得早，一九九一年與顏娟英教授、賴鵬舉醫師、蘇東隆醫師、王壽蓮畫家、崔中慧老師、吳文成居士、還有現任苗栗法雲寺住持達碧法師等人一起走絲路。當時新疆暴動，封鎖路線，無法前往新疆克孜爾石窟。克孜爾石窟保存了中亞的風格，也就是保持了希臘跟印度式結合的風格再傳進來。漢化的程度在敦煌才開始慢慢顯現，然後再繼續往中原去。

敦煌石窟保留了很多文化遺產，清末國勢衰弱，西方人從敦煌取走許多寶物為國際所知，才有今日的敦煌學，是福是禍也難定。從佛法的立場，不一定是壞事，如果這些寶物沒有流落各國，不會受到國際的重視；也因外國收藏這些文化遺產才有研究的機會。

我們在敦煌停留一個禮拜，因為開窟期參觀的時間很短，一天僅有兩個時段，每次兩小時，我們一群人的行程就配合開窟時間，每天跑兩趟。現在聽說當地已經有了複製窟，不是作研究的遊客，或者可參觀複製的石窟；研究者可看實體石窟，如果想再參觀特別的石窟，可能還要另外繳費。

中國石窟中我最喜歡麥積山石窟，麥積山擁有現存七、八成的北魏時期雕塑。麥積山比較俊秀，雲岡比較粗獷。雲岡地處偏北，是中國第一處動用國家帝王之力開鑿的大型石窟，具有北方民族的豪邁之氣，當時正是他們大量吸收中國文化的時候。麥積山則受中原的影響比較大，更為中原化，北魏是一個非常特別的時期，石窟中的各式造像深具中國文人的氣質，雖經千年以上，看到圖像背後意義的轉變，依然令人感動。

從絲路一路走來，看到「願力」的具象化。如今看似極為偏僻的地方，所有的石窟、壁畫、泥塑之所以能夠呈現、保存，就是「願力」的有形力量。

我在絲路也體會到多元民族的融合、中國文化本身的複雜性。「敦煌學」是當今顯學，包含服裝、舞蹈、音樂、文學、建築等，二〇〇五年臺灣歷史博物館辦了一次敦煌展，由臺南藝術大學音樂研究所承辦，從音樂的角度去研究古樂器、壁畫等。敦煌到了隋、唐才有經變圖，此後規模逐漸變得龐大。

新疆石窟體現音樂舞蹈

二〇〇七年十月，我和弟子諦玄法師特地走了一趟新疆，為了多年前透過義大利籍的魏正中教授，引介克孜爾石窟的畫家郭峰複製了第三十八窟。第三十八窟是音樂舞蹈窟，多樣的舞姿、樂器，克孜爾石窟離中原很遠，當地民族本身就愛跳舞。

那趟我們從臺灣飛韓國首爾，見識到了韓國為文化的努力，再由首爾飛烏魯木齊，這是海拔最高的城市。然後搭車到庫車、參訪了喀拉土木石窟，蘇巴什東寺、朵哈烽火臺、朵哈石窟、烏魯木齊博物館、國際大巴札。我們到了喀拉土木石窟，正好碰到臺灣《大陸尋奇》在當地拍攝節目，我們師徒充當路人甲、路人乙入鏡。當地的飲食份量十足，端上桌都是大盤大碗，顯示豪邁的飲食文化。新疆才中午十二點，太陽就已西斜，與臺灣有兩個小時的時差，很不習慣。最後一天早上換上薄長衫出門，晚上要去機場搭機回臺，在街上叫不到計程車，還冷到去買熱呼呼的糖炒栗子取暖。

敦煌石窟的早課法喜充滿

二〇一八年的敦煌絲路旅行，參訪天水麥積山石窟、炳靈寺石窟、榆林窟，與莫高窟實體洞窟。在莫高窟九層樓前作早課，十分感動。敦煌研究院趙聲良院長特別在敦煌研究院國際會議廳為大家作專題演講，隨後雙向交流溝通，熱烈而踴躍，是一般旅行團難以呈現的深度之旅。我們整體安排細緻，除了有行前課程，也申請參觀特別窟。每個洞窟的四壁盡是與佛教有關的壁畫和彩塑，肅穆的佛影、飄舞的飛天、莊嚴的氣氛，令人屏聲凝息。最引人注目的是，其中為數龐大、技藝精湛的雕像與壁畫藝術。

登上四大名山感受千年攝受力

二〇一二年覺風佛教藝術學院啟用後，除佛法課程外，也安排佛教藝術課程。二〇一四商請郭祐孟老師策畫以「四大名山」為主題的課程，反應熱烈，課程結束後，我們也安排了到實地去感受與考察，進行名山巡禮活動。四大名山之旅分為三趟，第一趟是當年十月「九華山普陀山黃山天台山之旅」，第二趟是二〇一五年七月「五臺山與天龍山之旅」，第三趟是十一月「四川峨眉山大足石窟之旅」。

我們的朝聖旅行一向團員眾多，每團都達上百人。有人覺得師父好大膽，竟然敢帶這麼多人出團。其實我從沒想過自己是否膽量過人，出門一切就交給諸佛菩薩；每次旅行都有早晚課誦，尤其是四大名山。原本寄望旅行社與寺院交涉早晚課誦，後來發現由出家人直接與當地法師溝通更融洽。在古剎大殿做早晚課誦，讓人非常感動，例如普陀山的法雨寺。彷彿我們穿越時空，於千年古寺的佛殿空間中做早晚課。早晚課誦是我帶團的依持，無論是安排在寺廟或車上，都可讓彼此安心。

我們於山西五台縣佛光寺的早課、南禪寺的晚課，令人印象深刻。林徽因、梁思成一九三七年對其進行考察，現今展設各種木構造的模型，成了最好的教學空間。佛光寺大殿是現存第二古老的寺院，僅次於南禪寺，但最早發現的唐代木構造建築，建築格局很氣派。音聲佛事繚繞古木建築空間就是有很大的攝受力，從佛法中知道眾生耳根最利。我這輩子的善根因緣，也是從梵唄中喚醒。

在中國的石窟課誦、繞佛很殊勝，名山朝聖參訪如果缺少了石窟就顯得不足，我們安排在四大名山朝聖的行程中，必定加上多處的石窟參訪，例如山西五臺山的朝聖，不會漏了雲岡石窟；到四川峨嵋山朝聖則會造訪四川大足、安岳等石窟。峨嵋山金頂普賢菩薩是詹文魁雕塑家的作品，他也是覺風園區〈弘法地藏〉的創作者。覺風開設的「峨嵋山佛教藝術」課程曾邀請詹文魁先生來演講，他是家父的徒孫，給予我們旅行團許多的協助。

前往峨嵋山的經驗很特別，當時山下下大雨，能見度很低，我們在能見度很低的狀況中前進，一路上山，雲層逐漸散去，到達金頂竟然晴空萬里，普賢菩薩清晰現前，是不可思議的經驗。很多人多次朝聖峨嵋山金頂，還不一定能看得到普賢菩薩！

詹文魁老師上課時，提到當時鑄造菩薩像的困難度。峨嵋金頂由李祖原建築師做建築設計，詹老師塑造普賢菩薩像，但是時間緊迫，加上山頂經年積雪，必須搭建幾十層樓高的超大帳棚，才能在溫暖的室內完成組裝，非常辛苦。四川石窟多，大足山、寶頂山算大型石窟，另外還有許許多多精彩的小石窟，有些石窟是一般人不會去參觀的。

因此朝聖四大名山，周遭的石窟也應該順道參訪，更顯得朝聖的可貴。經過四大名山的朝聖旅行後，覺風學院安排佛教藝術課程時，就會一併計畫相關的旅行，行程不是一般的走馬看花、購物，而是深度的、藝術的、歷史的、宗教的深刻足跡。

展現本土特色的日韓寺院

日本古蹟與現代的結合

出家後我第一次去日本是一九九七年八月，參與家父在日本箱根雕刻之森美術館的展覽會。當時家父病重，我和二姊代表家父參加，看見家父的作品在雕刻之森美術館展覽的盛況，相信這是家父非常大的心願，只可惜當年十月，家父就過世了，他老人家沒來得及親自看到，應該是他最大的遺憾！

二〇〇四年五月舉辦「日本賞櫻之行」，這回是跟法源講寺、翠碧岩寺與永修精舍的師父們一起去旅行，這對常住與常住間的交流有很大的幫助。法源講寺的大師父、三師父、五師父都參加了，還有翠碧岩寺的如釋法師與永修精舍的慈心法師等，諸山長老尼能共聚一堂，實屬不易。旅程中，我和法玄法師脫隊，特別陪伴慈心長老尼，回到她當年留學的幼教尼學園，會見多位老同學，那也是長老尼最後一次的同學會，二〇〇七年六月，長老尼就圓寂了。

二〇〇五年十月「日本關東佛教建築藝術」考察之旅，我參訪了京都的MIHO美術館、奈良美術館、東大寺、法隆寺、金閣寺、清水寺、天龍寺、清澄寺、水御堂、夢舞台等地。

二〇〇六年四月「日本關西佛教建築藝術」考察之旅則邀請了佛光寺住持本空法師，以及竹溪禪寺住持資定法師與會理法師，一起參訪佛光山本栖寺，之後前往東京、竺波、箱根等地博物館及參觀安藤忠雄大師建築作品。

二〇〇七年為了竹溪禪寺的古蹟修復與重建案，我特別籌劃「日本宗教建築藝術」考察之旅。邀請成功大學建築研究所傅朝卿教授與團隊，還有竹溪禪寺的住持資定法師、會理法師、法玄法師參加。參訪地點包含京都的東本願寺（古蹟與新案融合）、時雨殿、透靜庵、金閣寺、星嶺、鐵的教堂、淡路島夢舞台、海的教會、水御堂、一心寺、應典院、南岳光明寺、國立美術館等。

二〇〇九年九月「日本安藤忠雄現代建築」考察之旅，則以安藤大師的建築案為主，短短五天就參觀了十多個單位，如住吉長屋、夢舞台、海的教會、水御堂、兵庫縣立美術館、京都陶板名畫庭園、TIME'S親水商業建築、大山崎美術館、三多利美術館、司馬遼太郎紀念館、飛鳥古墓博物館、峽山池博物館等。

二〇一六年三月「日本佛教藝術今古行」，因為上一回的安藤忠雄建築之旅沒有去直島參觀，引以為憾，這回特別安排去直島。後來又到奈良、高野山、和歌山，也觀摩日本寺廟把寺院作為旅遊住宿地，將古蹟和現代結合，開發經濟的來源。

韓國廟宇保留中國建築的源頭

除了日本的佛寺與建築參訪外，二〇一六年八月我隨「佛教藝術尋幽探訪行」前往韓國，由留學韓國的陳明華教授全程導覽。陳明華教授在臺北女子師範專科學校畢業後，公費留學到韓國拿到博士學位，目前任教於弘益大學，是韓國旅遊界、學術界，佛教藝術方面重要的指導教授。

韓國的基督徒佔了宗教界的六成，佛教徒卻不到一成，但我沒想到韓國寺院保留得這麼完整，僧人生活、法會、早晚課誦和午供等儀軌都保留下來，是看得到的、生活化的佛法。寺院的楹聯都是中文，保有中國寺院的風味，Q版的天王像非常可愛。寺院山門不大，樹蔭夾道、流水小橋，意趣幽雅，寺廟和自然融為一體。我們參訪了釜山、全州、慶州、光州、大邱等地寺院，如金山寺、梵魚寺、石窟庵、佛國寺、通度寺、大興寺、海印寺等十二座寺院，還有慶州、大邱博物館。

我們曾經邀李乾朗教授參加韓國佛教藝術參訪，因為中國建築的源頭在韓國保留下來，此行他覺得收穫很大，尤其他手繪的寺院草稿令寺院僧眾驚奇萬分。在韓國，遊客可以住寺院裡，配合寺院早課，摸黑拿手電筒到大殿參加早課，課誦與鐘鼓令人印象深刻。

此行看到最特殊的是馬耳山寺的塔，是以大大小小的石頭堆疊起來的。韓國的山不高，但有古味、靈氣，各寺院建築令人流連忘返。經過課程引導，再親臨現場，由專業導覽，與一般旅遊的感受全然不同，這是覺風佛藝巡禮與外界旅行團最大的差別，難怪每次行程一公布，經常是秒殺的，很快即額滿。

佛教南傳的輝煌象徵

國王發願堆疊出的吳哥窟

二〇一六下半年我們開設了東南亞佛教藝術專題，包含斯里蘭卡遺址、緬甸地區佛教藝術、柬埔寨的佛教造像，以及張蘊之老師的吳哥窟課程，從扶南到吳哥、宗教信仰與建築語彙、發現維護與現狀。

二〇一七年二月便舉辦柬埔寨吳哥窟的旅行。我們造訪大吳哥窟、巴戎寺、小吳哥、洞里薩湖、巴肯山、塔普倫寺、小吳哥皇城、女皇宮、涅槃宮等處。這回的旅行，在車上由張蘊之老師全程導覽，他是越南華裔，熟悉東南亞和印度的神話、人文思想，是吳哥窟的專家。但是吳哥窟為保護當地導遊的工作，設立導遊制度，不允許外來專家學者在現場介紹，殊為可惜。

印度石窟與吳哥窟不同，吳哥窟是在國王的指令下建造，堆疊石塊而成的，充滿神話色彩；印度則是雕鑿出來的石窟，規模大、空間變化大，石窟是僧侶修行的地方。我非常喜歡印度石窟裡的佛堂，規劃覺風園區的建築要融入石窟的特色。

佛教深入人心的斯里蘭卡

二〇一八年一月我們特別央請法曜法師、海樂法師師徒帶領旅行。法曜法師在斯里蘭卡出家，熟悉斯里蘭卡風土民情與寺院生態。斯里蘭卡的佛教徒佔總人口七成，佛教竟然在這個國度已存在兩千三百年，從未中斷，很令人感動。印度則不同，佛教徒非常少，在石窟已看不到僧侶的蹤跡。斯里蘭卡的寺廟依然保存著佛堂、塔、出家人和菩提樹四大元素，顯然是活的宗教。舍利塔在斯里蘭卡隨處皆有，足見舍利塔的重要。

佛教是當地人生活中很重要的部分。記得有一天，我們在七世紀建造的觀音菩薩立像前做晚課時，看到當地居民去還願祈福，說明佛教根深柢固在斯里蘭卡國民心中。特別的是，在斯里蘭卡照相時，不能戴帽子和穿鞋子，必須側身，不能背對於佛像，真是虔誠恭敬。

泰國佛教建築自成一格

一九九八年我進行第一趟印度朝聖之旅，在過境時，順路參訪曼谷的「法身寺」，寺院規模宏偉壯觀，讓人非常震撼！建築形式與漢傳佛教中國式建築，差異迥大。

第二趟是二〇一八年泰國羅永之旅，我為了接受「第十七屆國際佛教傑出女性獎」，臨時組了十六人的小團同行。這個獎項是泰國比丘尼Rattanavali與美國比丘尼Dr. Lee於二〇〇二年共同創辦，表彰長期對國際社會具有傑出貢獻的佛教女性，藉以鼓勵更多佛教女性投入推展弘化志業，祈使人類和諧發展。

三月八日來自臺灣、中國、越南、馬來西亞、美國、泰國等地的比丘尼、優婆夷，諸善女人聚會一處，接受頒獎。受獎之前，我們也藉此因緣在泰國三天，走訪佛統蠟像館、古暹羅的大城王朝世界遺址，曼谷的大理石寺、臥佛寺等景點，這個小規模的旅行團，居士們相處無比融洽，是一趟豐收之旅。

第3部

結緣國際・藝起為法

第八章　八方說法，度己度人

我常跟居士們分享，此生非常滿足，因為走過許多國家去過許多寺院，並與眾生廣結善緣。尤其在弘法DVD發行並網站架構設後，有如打開一扇大門，讓更多海內外信眾因此認識我，進而邀約我去說法。「說法」如雙足，帶著我四處行走；由於樂於分享法味之美，所以國內海外、室內戶外、山邊舟車等任何環境，我都欣以佛法與人交流。

透過佛法，我在諸多困境中擺平了內心的苦痛與煩惱。舉辦課程活動，遇到阻力，我反省思惟，檢討發心，只因為深深感受佛法這麼好，而知道佛法的人又這麼少，而繼續努力。

常想著，印順導師把佛法講得這麼清楚明白，但理解的人太少，實在可惜。於是全心全意想把印順導師的思想傳播出去，就算再苦也無所謂。在困境當中，才能更深層領略佛法是可受用的、是可體驗的，於是自身也透過佛法，一步步走出難關。

馬不停蹄的國內弘法

一九八六年我披剃於法源講寺，因為家師覺心師父於翌年即往生，所以我將擔負開山斌宗師公的講經說法，視為傳承的使命。因此多年來歷經道場的更迭與延展，仍遵循「講經說法」的大原則。但我沒有福報能由師父與師公教導，反而與福嚴佛學院因緣特別深，更與印順導師的著作相應相契，我所講的佛法課程，可以說七、八成以上都是以印順導師的著作為主，感恩印順導師的法乳深恩。

講經傳播佛法足跡

無論是寺廟、道場、學校、租借場地等，我都排除萬難開設一般課程、多日的佛法專題，並錄製DVD，希望能讓更多人認識、理解佛法。僅將重要的階段項目記錄於此。

◆法源講寺

一九八七年，法源講寺西邊客廳修改為小教室，我開始講述《佛說阿彌陀經》，隔年開始四處講經，如借培英國中教室講《般若波羅蜜多心經》，同時到關東橋觀嚴居士菩提經閣講《地藏經》、《佛說阿彌陀經》，也到交通大學佛學社講《成佛之道》。

後來至二〇〇五年，又回到法源講寺大殿，舉辦《學佛三要》五日尋燈，二〇〇六年《大乘起信論講記》七日尋燈，密集的在短時間講完一部經，而且不但現場講授，同時還錄製DVD。

◆法源別苑

一九九一年起，我在法源別苑學期間每週開講《寶積經》、《成佛之道》、《印度佛教思想史》、《學佛三要》、《八識規矩頌》、《藥師經》、《勝鬘經》、《中觀今論》、《金剛經》、《中觀論頌講記》、《維摩詰所說經》、《佛在人間》、《大乘起信論講記》、《解深密經》、《成佛之道》等課程，直至二〇〇七年。

另有一九九七年《金剛經》、一九九八年《八識規矩頌》、一九九九年《唯識三十頌》、《成佛之道·第一～四章》、二〇〇〇年《成佛之道·大乘不共法》、二〇〇一年《八識規矩頌》、二〇〇二年《寶積經講記》、二〇〇三年《維摩詰所說經》，二〇〇四年《百法明門論》，都是「三日尋燈」佛法專題，二〇〇二年起的三部經論，並同時錄製弘法DVD。

◆永修精舍

二〇〇七至二〇一六年是另外一個講課階段，我離開了法源講寺，接任永修精舍住持，並在此開設《阿彌陀佛四十八大願》、《佛法概論》、《妙法蓮華經》、《菩提資糧論》、《方便之道》、《佛說四十二章經》、《佛說八大人覺經》、《佛遺教經》、《大乘廣五蘊論講記》、《中觀論選頌講記》、《佛說阿彌陀經》、《辨法法性論講記》、《大樹緊那羅王所問經偈頌講記》、《往生淨土論講記》等課程，並錄製為弘法DVD。

◆新竹覺風書院

二〇一七年於新竹永修精舍成立覺風書院，我開講《中國佛教史略》、《大智度論．六波羅蜜》課程，除了《中國佛教史略》，都錄製成弘法ＤＶＤ。我與清玄法師帶領每週二晚上《學佛三要》、《心經》、《金剛經》讀書會。

◆北投覺風佛教藝術學院

回顧二〇一二年九月，北投覺風佛教藝術學院開學迄今，我擔任《攝大乘論講記》七個學期、《中觀論頌講記》五個學期、二〇一八年起《大智度論．全本》課程講師，並同時錄製ＤＶＤ。還有帶領每週五早上《成佛之道》、《八識規矩頌》、《大乘廣五蘊論講記》、《唯識三十頌》讀書會。

寒暑假期間，還開設「三日尋燈」等佛法專題，以集中授課方式方便臺北市以外的遠途聽眾。

電視弘法提升了普及度

曾任高雄佛教青年會理事長的宏印法師，早期在佛教界以弘揚印順導師思想為主，法師的著作《怎樣讀妙雲集》對我影響很大。高雄佛青會曾經請我講《八識規矩頌》，第一次透過圖解方式，反應很好；二〇〇二年又邀了第二次，沒想到有人過來跟我說「要錄影」，我嚇了一跳，第一個反應是「錄影要不要付費？」他們說不用！我想既然不要費用就錄吧！若是需要費用，我沒有經費，常住也不可能支持這筆費用。

後來才了解來錄影的是慈悲電視臺，當時由海濤法師擔任臺長，所錄下的影片是用來「補壁」，也就是填補電視弘法節目的空缺，在電視頻道上播放。我只關心的是否需要費用？所幸剛開始還不需要費用，我也授權他們播放，但我心裡質疑著：「這麼困難理解的佛法節目，播出會有人要看嗎？」畢竟《八識規矩頌》本來就很難懂，不要說居士，連佛學院的學生都覺得很難理解。但沒想到播放後，反應熱烈，原來是我將唯識學用圖說方式解說，比較清楚、特別。

接著，接到許多人來電詢問如何請購《八識規矩頌》弘法影片？於是錄製並出版了ＶＣＤ。後來海濤法師離開了慈悲電視臺，創立生命電視臺，加上全球經濟蕭條，經費來源也變得困難，於是慈悲臺希望我們能付費購買原本的時段，我本遲疑是否花得起這樣的費用？但因為發行《八識規矩頌》ＶＣＤ有收入，再加上在電視播映後，有廣告效果，增加常住的知名度及法會的參與，也提高了後來ＤＶＤ的流通量，所以決定付費購買時段。

閩南語講課並與寺廟結法緣

雖然我是臺灣人，但因為小學就讀於臺北市國語實驗小學，閩南語反而不如國語流暢。直到大學期間，接觸了臺南開元寺的會智師父，才開始正視閩南語的使用。一九八六年出家後，參與法會誦經，剛開始都用閩南語，也感覺到閩南語的優美。但是為適應更多的上班族，法會改用了國語，相對的信眾也增加了。之後三十多年的弘法，我幾乎都以國語為主，但也有以下幾次閩南語弘法的經驗，過程間也發生一些趣事。

◆新竹靖廬

大陸與臺灣兩岸之間，最短的距離是新竹的南寮，很多偷渡客都是在此登岸，因此早期政府在新竹地區設了「靖廬」，專門收容大陸沿海來的偷渡客。我曾經受邀到「靖廬」傳授佛法，並進入他們所住的房間探訪，房間兩側是雙層的木板床，我就坐在中間走道的端點。他們分別坐在床頭，當我抬頭面對時，升起人不親土親的情懷，我們同樣都是閩南人，我說法時，自然地就使用了共同的語言——閩南語。

◆陽明山永明寺

一九九三年八月，首次受到常住以外的佛寺邀請，正式宣講《地藏菩薩本願功德經》，那次也是以閩南語講授。插曲是因為我幾個月前就答應永明寺住持堅慧法師，後來忙於其他事，久久沒有聯繫，堅慧法師非常緊張，擔心會開天窗，但又不好意思再找我確認，沒想到時間一到，我就準時出現於大殿，真是讓法師白操心了。我答應過的事不會爽約，何況是講經說法的大事呢！

◆高雄興隆淨寺

一九九八年我前往高雄興隆淨寺講《八識規矩頌》，每天下午上課，為期一週。其中有幾位出家人聽不懂國語，為了讓他們了解內容，於是我以畫圖加上以閩南語來講經。後來看見有位不認識字的老法師，聽完後也能照樣畫圖去跟別人分享八識，非常高興地解釋上課所學。使用閩南語帶來了親切感，也拉近聽眾與講師的距離。所以我在南部地區，還真的非得要用閩南語不可。

◆高雄宏法寺

之前提到二〇〇二年無意間在高雄正信佛青會，因錄製弘法影視ＶＣＤ，而走上電視弘法。二〇〇三年開始於高雄宏法寺錄製《寶積經》，二〇〇四年錄製《地藏菩薩本願功德經》、《藥師琉璃光如來本願功德經》，二〇〇五年錄製《佛說阿彌陀經》，二〇〇六年錄製《八識規矩頌暨唯識三十頌》。其中《地藏菩薩本願功德經》與《佛說阿彌陀經》以閩南語錄製，也是難得的經驗。

◆桃園佛教蓮社

二〇〇四年桃園佛教蓮社舉辦「都市佛學院」課程，邀請我於每個月第一個週日的下午，以閩南語講《地藏菩薩本願功德經》，講經速度特別慢，共計三學年。每回都是法玄法師開車載我去，我一上車就睡著，醒過來時就抵達蓮社，好像神足通一般。有一回不是法玄法師載我去，我竟然指不出路線，這也是個很特別的經驗。

◆臺南竹溪禪寺

二〇〇五年慈悲電視台舉行電視弘法的法師全台弘法，我正好被安排到竹溪禪寺宣講。事後覺得竹溪禪寺是個不錯的地點，就想安排在覺風基金會的弘法行程中。聯繫後，資定法師很高興有人願意主動到常住弘法，爽快答應，開啟了約隔一兩個月的週六下午至週日傍晚，一天半的佛法課程。一直到二〇〇八年止，總共講了整部《藥師經》、《金剛經》、《成佛之道》等，都以閩南語講述，這段時期我練就了較流利的閩南語。「竹溪書院」落成後，二〇一八年和二〇一九年我也受邀講《妙法蓮華經》、《八識規矩頌》專題課程。

北中南東各地，我都曾前往開講，像是霧峰護國寺、田中鼓山寺、中壢力果講堂都是曾多年多次開設課程的道場，此外，花蓮和南寺、嘉義彌陀寺、新竹善法學處、中壢圓光佛研所、臺北慧日講堂、嘉義市妙雲蘭若、圓光佛學院推廣班等，也都曾前往因講經而結法緣。

除了道場開講外，我也受聘於佛學院、大專院校中擔任課程講師，教授《印度佛教思想史》、《金剛經》、《八識規矩頌》、《中觀論頌》等正式課程，此類經驗又是不同的體會。

弘法有如天生使命

由於出家的第二年就開始講課，那時覺心師父已經往生。家師在世時也很少住在法源講寺，大部分時間都在臺北弘法院，最後一次接師父回常住，就是他去世那年的農曆新年，而年後沒多久（農曆一月十三日），他就過世了，所以在出家的過程中，我並沒有當「小孩子」學習的機會，沒有過度階段的實習，立刻面對「轉大人」後，就開始講課。但我一上臺就能講，反而在臺下比較不會講話，尤其是梵唄，一旦有麥克風，法會一開始，我就融入情境當中。妙嘉法師曾說我是屬於選手型的人，只要上場，表現就很優異。

我也曾在告別佛事中，有過一次印象深刻的經驗。記得有位居士，先生車禍剛過世，她又發現自己竟然罹癌末期，真是禍不單行。她擔心四個幼兒將失去父母照顧，當她臨終前，我去長庚醫院看她，也不知道怎麼去安慰她才好，此時跟她講太多佛法，也不容易受用。已經皈依的她，平常也有聽佛法課程，我用比較簡化的方式，說：「如果妳想再來人間並不難，因為妳惦記著孩子，當妳再來的時候，記得回來找師父我啊！」這麼一說，她有明顯的目標，她為了要找我，就有機會再回到佛家，再進入佛教。當然不是我還想要多一個信徒，起碼讓她還有機會再來學佛。我安慰她：「其實妳下輩子再來，還是可以幫助很多人。」

她過世後，我去幫她作佛事，場面無比悽涼，孩子還不理解生死，先生的兄弟和她的姐妹合力幫忙處理後事。請了一部花車，一個孝女從花車下來就開始哭，哭倒在地，又沿路爬到靈前，真的很能哭。四個小孩也跟她在後面哭著、爬著，讓人很心酸。旁邊大人也不知道該怎麼辦，又沒有司儀指揮，我就說：「我來！」孝女哭完，我去跟她借了麥克風，很奇怪，我一拿到麥克風就流利的對現場家屬開示，彷佛早已備稿一般，也功德圓滿了這場告別式。

海外結緣，分享法喜

回顧三十多年來，能夠跨出寺院，飛往世界各地區講課，電視弘法、DVD與播經機是最重要的推手，很多人都是藉由影像畫面認識我。因此當海外居士見到我本人後，常會說：

「已經在電視螢幕上看法師好多年了，終於見到了本尊！」DVD弘法影集，不但是遊子從臺灣帶回僑居地的伴手禮，也是邀請我出國弘法的媒介，刻畫出後來我個人的海外弘法足跡。

在紐西蘭的電臺說法

紐西蘭是我海外弘法的第一站。

一九九七年家父過世，隔年二姊過世。出家以來，我最惦記的兩位至親相繼過世，一時之間茫然且難過。一九九九年初，很早就前往紐西蘭的禪叡法師邀我去散心，早期移民紐西蘭的香港佛青會袁文忠伉儷，當時帶領著一群香港朋友，買了廣播電臺的時段，製作佛法節目，我到當地後，他們就請我上廣播電臺談談佛法，爾後又至居士家中講佛法。

同年常住的盂蘭盆大法會完畢後，八月我又去了第二趟，這次是正式的弘法，在奧克蘭民眾活動中心講《金剛經》。當時慈明寺的常靈法師也前來聽講，因此結緣。接著又去南北島交界的威靈頓，臺灣人較少，這次把《八識規矩頌》串在一起講。回臺灣之前，居士梁太太塞了一個裝了紐幣的信封給我，表示這是下回來紐西蘭的機票費用，我保存了五、六年都沒用到，但我一直惦記著。

因為回臺灣不久，新竹法源講寺老住持仁慧法師退位，二〇〇〇年由我接任住持。接著二〇〇一年九月至二〇〇五年一月，我重拾學生身分，到臺南就讀成功大學建築研究所，同時二〇〇三至二〇〇五年間，常住購買鄰地費用龐大，正值電視弘法開播，南北奔波弘法，我忙得不可開交。

機票費用因緣未了，二〇〇五年十月，我又再度地踏上紐西蘭的弘法路途。由於常靈法師早已於二〇〇一年設立了「普賢淨苑」，廣邀各方法師弘法。而且好幾位結緣於一九九九年的資深聽眾，也都在普賢淨苑出入，大家都表示竭誠歡迎，總算有了正式的寺院可供弘法。

二〇〇六年我再去奧克蘭弘法，講《寶積經講記．普明菩薩會》，高雄佛光寺住持本空法師及法玄法師和我同行，先到南島才回到奧克蘭。本空法師跟我們的法脈有關係，她是「空」字輩，她的師父是心字輩，跟我的剃度師父覺心師父同一輩，我們這一輩也應該是空字輩。

二〇〇七年我卸下住持，離開法源講寺，接著又是一陣混亂，直到二〇一〇年才又繼續紐西蘭的弘法，講《妙法蓮華經》，自此後每年去一趟。

在紐西蘭的弘法課程，主要以印順導師「妙雲集」為主，二〇一一年講《八識規矩頌》、二〇一二年講《印度佛教思想史》、二〇一三年講《中觀論選頌講記》、二〇一四年講《大乘廣五蘊論講記》、二〇一五年講《中觀今論》、二〇一六年講《辨法法性論講記》、二〇一七年講《勝鬘經講記》、二〇一八年、二〇一九年分兩年講完《成佛之道》，二〇二〇年因為疫情無法成行。

我將稍有深度的正法弘揚到遙遠的紐西蘭實屬不易，課程與正統佛學院相比毫不遜色，所以必須搭配教科書或講義，才可能講得完備聽得清楚，好在常靈法師長年在那裡，每年都先用貨櫃將近百本課本寄去，上課的人幾乎都保持在八十人左右且全勤聽講。我每天下午講三個小時，七天共二十一小時，我也常使用科判表及講義來說明，像《印度佛教思想史》就用自己編輯的講義，才講得完整。迄二〇一九年為止，到紐西蘭弘法總計十四趟。

在澳洲發心協助成立佛堂

二〇一二年我到奧克蘭弘法後，因為前往澳洲轉機比較方便，就順道去了布里斯本，多停留三至四天。布里斯本有個比丘住持的菩提禪院，第一次去菩提禪院時講的是《金剛經》。那時寺院剛起步，只是個比較大而空曠的室內空間，沒有佛堂、沒有佛像。我見狀主動發心協助成立佛堂，回臺灣後幫忙購置佛像、佛龕、法器等寄送過去。二〇一三年我再度前往布里斯本，為菩提禪院信眾講《藥師經》、拜《藥師懺》，並且由住持法師主持了佛像的開光。

二〇一四年，澳洲的卉娟居士趁回臺之便，親自至北投覺風學院邀請我到澳洲墨爾本。

她是一位畫家，也是留學澳洲的建築博士，收看我的弘法課程已經好幾年。她有一群學校老師及學生們定期聚會，希望我能去那裡跟這群朋友們結緣。不巧，同年新加坡菩提閣住持果峻法師也特地到北投覺風學院找我，商量翌年菩提閣落成後的課程，希望我幫忙安排菩提閣大約三年度的佛教藝術相關課程。我考慮到三寶事比較急、比較重要，於是我十月到奧克蘭弘法時，放棄了繞道澳洲墨爾本拜訪卉娟居士的計畫。直到二〇一六年九月偕同拾得法師與傳聞居士前往紐西蘭弘法後，我們一起飛往墨爾本才算完成了這段法緣。

在歐洲的弘法緣分

二〇〇〇年七月天下文化出版家父楊英風傳記《景觀自在——雕塑大師楊英風》，為此我特地遠赴法國拜訪作者祖慰先生，以做最後的定稿。當時我與研究中心主任飛抵巴黎，見了祖慰先生，當面將他寫了八年的書籍定稿之後，飛往瑞士拜訪當時的駐瑞士代表呂慶龍閭家。到瑞士後，呂代表臨時想請我為僑胞講一場佛法課程，也算是在歐洲的第一場佛法演講。之後直至二〇〇八年前往德國，才再訪歐洲，法玄法師陪我弘法回來後，很幽默地說：「以後我們不缺『德』了！」這笑話背後隱藏著我們的克難之旅。

在德國住哪裡？不是飯店、不是民宿、不是寺院，而是居士家中的小閣樓。雖然如此，我們還是感到很有意思，也感動於這些嫁到德國的臺灣媳婦，在沒有上班，經濟不充裕的情況下，還能一心求法。

在哪裡上課？不是道場、也不是寺院，而是老人院的小教堂。交通方面，繞了德國一圈，到四個城市的弘法，都是靠我們自行搭乘火車，居士只送我們上火車，到了下一個城市才有人接，提行李都成為問題，要上上下下，加上語言的隔閡，只能憑著時間判斷是不是該下車了？一路提心吊膽，深怕坐過站。有時我講課，法玄法師則充當保母，讓小朋友的媽媽們可以專心聽經。德國弘法，一路即使辛苦，還是覺得相當有意義和價值。

在德國弘法期間，我們特別抽空飛往巴黎，至呂慶龍代表在香榭麗舍大道的官邸小住，當時他是駐巴黎代表，在臺灣我為他們全家皈依而結緣，他擔任過外交部發言人，退休前在巴黎用布袋戲介紹臺灣，是一位可愛而熱誠的人。因為這樣的機緣，我們有機會漫步於香榭麗舍大道，真是個美好的回憶。

在國外，吃頓飯很不方便，要素食更困難，別說西方國家，就像是上海那麼大的地區，也沒幾間素食餐廳，又遠又塞車，一、兩個小時都到不了呢！麵包類我也可以接受，較沒有適應的問題，在德國有天早上還找到燒餅油條，感動得要命！

地廣人稀，有些事情的效率確實比不上臺灣，如在國外要印一張講義，大費周章，不像在臺灣便利商店一印立即可得。所以去德國，我們都自己扛著講義過去，一站一站的發送。

在大馬體會佛教生命力

從二〇〇〇年到二〇二〇年，我共去了馬來西亞七趟。

緣起於一九九九年，我和法源別苑熅如居士到福嚴佛學院，邀請馬來西亞的開印法師蒞臨指導禪修。開印法師來臺灣圓光佛學院就讀，他幾乎過目不忘，成績相當優秀，畢業就被延聘到福嚴佛學院教書。

結果反而是他先請我去馬來西亞弘法，二〇〇〇年我首次到馬來西亞的亞庇觀音寺講《印度佛教思想史》。第二年他們在馬來西亞，亞庇的國家公園舉辦佛法弘揚活動，當時慧璉法師也一同前往。回程時竟然機場封閉，所有班機全部停飛，我們完全不清楚來龍去脈，後來才知道這天美國發生九一一事件，飛機因此延遲了一天，直到隔天才飛回臺灣。

二〇〇二年寂靜禪林開印法師度了兩名女弟子，因為南傳的戒律，比丘不宜為女眾剃度，希望由我去馬來西亞為她們剃度，而這二位也聽過我說法，算來也是有緣。為此，我和法玄法師特地前往寂靜禪林，為禪戒、禪定尼師剃度，並順便於寂靜禪林講了一部《八識規矩頌》，又在禪林的行政中心講了一部《金剛經》。我在馬來西亞、新加坡弘法時，遇到的法師多數都曾來臺灣就讀福嚴或圓光佛學院，像新加坡的永佳法師亦是。他們在福嚴佛學院都算是學生輩，但年紀跟我差不多，因為我很早就在福嚴佛學院教書，沒機會當福嚴佛學院的學生，卻匆匆成為福嚴佛學院的老師，也是因緣吧！

開印法師住在東馬，他說飛臺灣跟飛西馬時間差不多，東西馬之間來往還需要簽證。西馬的佛法比東馬發展比較早。一九九〇年代，我在法源講寺舉辦高中佛學營、大專佛教藝術研習營，許多佛教輕快的歌曲都來自西馬的佛青會。但相較於臺灣，臺灣的佛教資源還是比較豐富，高僧大德比較多，所以許多法師早期就直接飛到臺灣圓光佛學院求學，開印法師在二〇〇〇年回去，即用心灌溉東馬的佛教沙漠。

東馬比較落後、開發比較晚，地廣人稀。開印法師、法曜法師、開仁法師都是東馬亞庇人，他們為東馬佛教注入一股生命力。開印法師在西馬出家，剃度師父文建長老是華人，但不會華文。西馬有許多長老、法師，都是華裔，具有漢傳大乘佛法的傾向，卻又身處東南亞南傳之地，因此他們較有機會彙通南北二傳，竺摩長老的漢文底子深厚，剃度「繼」字輩的男女二眾弟子非常多，文建長老則雖只剃度「開」字輩男眾弟子，但也遍地開花。

二〇一三年馬來西亞之行，半個多月中跑了好幾個地方，西馬南北相距遙遠，從吉隆坡到檳城還得搭飛機。在檳城，遇到師公斌宗法師這一脈的後繼者，但是沒有時間拜訪他們的道場，就由檳城飛東馬亞庇到寂靜禪林。

我在法玄、淨玄法師陪伴下，首站抵達吉隆坡觀音寺，住持法師也是早期圓光佛學院畢業的同學，寂靜禪林的禪戒、禪正法師及淨文師姊已經先抵吉隆坡接機。開印法師第二天從臺灣冒著颱風的危險，搭機到吉隆坡會合。我在觀音寺講《學佛三要》及《印度佛教思想史》課程，印象最深刻的是，住持法師於午齋前買來各式各樣的榴槤請大家享用！

我們由吉隆坡飛往檳城時，法玄法師先飛返臺灣。檳城保留了豐富而精緻的閩南文化，且已申請世界文化遺產。開印法師介紹一位畢業於臺灣成大建築系的專業導覽，帶我們參訪了檳城的世界文化遺產及各地古蹟。臺灣因退出聯合國，申請文化遺產基本上就不容易，不過在保存文化古蹟方面，也確實比不上馬來西亞。走在街上處處所見，建物景象都保存得很好，打破我們過去以為東南亞是沒有文化、落後的刻板印象。

在檳城落腳於三慧講堂，這是竺摩長老的道場，也辦理佛學院。我先在寶譽堂講了兩整天的《八識規矩頌》，最後一天晚上在三慧講堂，專題演講「佛教的生命觀」。然後由檳城飛往亞庇，回到寂靜禪林。後來於寂靜禪林的行政中心專題講授《印度佛教思想史》。這期間，我們還上神山住了一晚，最後，承載著馬來西亞佛友們的滿滿熱誠回到臺灣。

二〇一八年底，「寂靜禪林」成立二十週念慶，我與拾得法師、法玄法師連袂圓光佛學院性儀法師、性威法師及嘉義彌陀寺天露法師一同前去共襄盛舉。

在日本明智讀書會講經

我曾受邀於明智讀書會至日本弘法兩次，分別是二〇〇四與二〇〇九年。讀書會主辦人是臺灣人福原醫師伉儷，福原醫師說他對於印順導師的學說相應，對般若的體悟是從我而來，他曾寫過對緣起性空的相關文章，描述他的領會。

二〇〇四年我去講課時，福原醫師商借筑波惠光寺的場地，第一天講《般若經》，第二天講《八識規矩頌》。平常寺廟的法會很簡單，大約一小時誦經就結束了，人也不多。因此住持觀察到我們這一群人為何可以聽經一天、二天乃至三天，到底在聽什麼？雖然明智讀書會人不多，但是這群人對於佛法非常虔誠。我的外文沒學好，在日本僅只能用中文授課，不過我能用中文把佛法講的透徹，已經心滿意足。

第二趟同樣在竺波的惠光寺講了兩整天的《八識規矩頌》，此次還特地住在福原醫師的新居，為他們灑淨及佛像開光，接著又在東京的國際文化中心租借場地，講述《印度佛教思想史略》及「聖地之旅」課程，大家都非常法喜。翌日我趕到大阪，與覺風主辦的「日本安藤建築之旅」旅行團無縫接軌，繼續五天的安藤大師建築參訪行程。在日本的弘法行程中認識了莊美居士，她正打算回臺定居，接下來幾年，只要永修精舍與覺風學院的法會或禪修活動，她都盡心護持；無奈她於二〇一四年因血癌過世，令人非常不捨。

在中國各地傳播正法

二〇〇五年，我應邀至承德參加由弘誓佛學院與中國社會科學學院合辦的「人間佛教思想與實踐」學術研討會，發表「人間佛教的建築空間理念與實例」論文。

二〇一三年四月，因與觀念居士在美國弘法所結的緣分，我受邀到北京講經，感受到居士們普遍年輕及求法的心切。這回由法玄法師陪同，至北京百旺學堂講《金剛經》，並到中醫診所當歸講堂演講「揭開生命的面紗」專題，接著於人民大學宗教研究所，作「印度佛教美術史略」及「臺灣佛教建築初探」專題演講。

八月我再度到北京當歸講堂，利用九天時間講整部大陸出版的《成佛之道》簡體版，信眾反應很好，中國人思維模式比較強，對宗教的虔誠度與臺灣有所不同，每次前往多是私人邀請。這回也在北京大學講授「印度朝聖之旅」；同年十月，我因為要到上海參觀常觀居士的「山外有山」展覽會，順道到上海般若講堂講授《八識規矩頌》、上海華東師範大學藝術史研究所演講「生生不已的生命之流」，正好萬佛閣女眾佛學院也邀請我作《心經》演講。

二〇一四年五月我到成都大慈寺講《心經》，接著到西安白馬招覺院講授《八識規矩頌》，並剃度了一位弟子中玄法師，她後來就讀於臺灣圓光佛學院，目前已經畢業回到招覺院。同年八月又走了一趟吉林，於綠洲公元建設公司會所，講授「大乘佛法．啟迪人生」專題，這又是另一種對社會大眾的體會。

此次講座是拓宏集團為綠洲公元第一期建案完工，在其會所舉辦的第一場活動。前一天到會場還很雜亂，很多工作人員正在加緊趕工布置，沒想到當天一進會場，煥然一新，簡直就像宴會廳，能在這麼美麗的地方上課，也是一種心靈饗宴！

寧波象山報德寺的年輕住持常暘法師，無意間於二〇一一年在網站收看到我的弘法節目，認為這是他所遍尋的正法傳播，因此大量地複製影音及介紹給信眾聽聞，並促成他專程帶領信眾們在二〇一五年到臺灣拜訪，終於在新竹永修精舍與我結下了深厚的法緣，並邀請我去寺院講經。

常暘法師盡心盡力推動法務，對於印順導師的佛學系統十分敬佩，他說我以點、線、面、數線的圖解方式講解經典，讓大眾易於接受，能更清楚明白其中的義理。因此二〇一六年初，趁受邀於上海般若講堂，講《印度佛教思想史略》之便，二〇一五年底我及綉美居士提前抵達上海，與常暘法師和信眾們會面，翌日，我們住在象山報德寺度過元旦跨年。

六月我再度受邀於象山報德寺弘法，並由法玄法師及綉美居士陪同。這回並於鈞廬藝術空間，開講《妙法蓮華經》兩個晚上，不大的空間裡擠滿了六十多位好樂佛法的居士，反應可謂熱烈。這回弘法結束後，拜訪了郭先生，再度開啟與安藤大師設計合約的履行。

在新加坡以佛藝結緣

二〇〇八年底，我開始到新加坡福泉寺弘法。這段緣分，最初因為由臺灣移民紐西蘭的露西居士，曾經在紐西蘭聽過我的佛法課程，當她參與「南亞海嘯」的賑災，認識了新加坡的如恆居士，而如恆居士正好想發心，尋找能去新加坡弘法的法師，就這樣一拍即合。於是趁開印法師寂靜禪林十週年慶，我從馬來西亞順道繞過去新加坡，當年就在福泉寺講《八識規矩頌》；二〇〇九年講《金剛經》，接著亦於法華寺講《藥師經》；二〇一〇年講《維摩詰所說經》暨經變；二〇一一年講《佛說阿彌陀經》暨經變，同年也在大悲中心講《地藏菩薩本願功德經》，並到印尼巴丹島慈慧淨苑講《普門品》。二〇一二年正值忙於籌備北投覺風佛教藝術學院的設立，停了一年。後來福泉寺住持法師請購許多佛像，本來弘法的場所中布滿了珍貴的佛菩薩像，不方便開放外來的居士來往，幾乎沒有地方講課，而且住持法師想把福泉寺的弘法堂轉型為博物館，就不再繼續前往。

法坤法師於一九三八年開山設立「大悲院」，是一位非常有魄力、不讓鬚眉的長老尼。早期積極置產，本山後院經營規模很大的「大悲安老院」，並於對面建築一棟「大悲苑」大樓，旁邊設有「樂齡中心」及另外設立「大悲精神病院」。「大悲中心」與大悲院有段距離，但地點非常好，鄰近購物中心與地鐵，位在交通要道，以上諸多單位合稱為「大悲機構」。法坤法師心量很大，她的理想是提供場地，作為來往新加坡的僧人之停駐站。最令人惋惜的是二〇〇〇年，大悲中心落成當天，法坤法師突然間過世，由大弟子淨森法師擔任「大悲機構」總主席並任本山住持。永佳法師是法坤法師師兄的弟子，負責「大悲中心」的法務安排。

記得二〇〇八年去新加坡弘法時，曾遇見永佳法師，但那次之後就好幾年沒再遇見過，沒想到那段時間，她身體違和，還好在居士們的熱心照顧，體力逐漸恢復，不忍心丟下信眾，而信眾們也表示願意協助法師，畢竟佛教團體還是需要一個出家領導人，所以永佳法師隨順因緣，二〇一一年起又扛起大悲中心的法務工作。

我與永佳法師認識極早，她於一九八三年來臺就讀福嚴佛學院，一九八六年畢業時，我剛出家，當時覺風基金會曾經幫她解決居留的困境，因而結緣。二〇一三至二〇一九年，我每年都至大悲中心弘法，住宿就在大悲苑。二〇一三年起大悲中心也辦八關齋戒，有時也辦三時繫念法會，我不僅弘法，也順便於法會主法，新加坡信眾覺得我們正統海潮音的梵唄唱誦，非常攝心動聽，參與人數眾多，同時也因為法會需要維那法師協助，因此常住的師父們，也有出國為眾生服務的機會。

新加坡是個國際化的國家，前總理李光耀先生曾說，在新加坡推行雙語教育是最困難的工程，但後來還是極具效果，英文教育讓外國人在新加坡可以無縫接軌。雖然洋化，還保有古老中華文化部分的基礎。

二〇一四年底應果峻法師的要求，為新建物「菩提閣」開設「佛教藝術」課程。經與林保堯教授商量，安排了「三年制的佛教藝術課程」，從二〇一五年三月開始，直到二〇一七年十一月完成，並企劃每年單月的第一個週六、週日二整天，佛教藝術專題課程加上佛法課程。主要師資都是臺灣佛教藝術的專家學者，如林保堯、陳怡安、簡佩琦、郭祐孟、齊慶媛等教授。也請書畫藝術家拾得法師、李蕭錕老師前去授課，並當場示範。插花周華坦老師、茶道陳秀娟老師、敦煌舞蕹繡徽老師也現身說法，結合書藝、花藝、茶藝與敦煌舞蹈，並請慧璉法師講「中國佛教史」專題課程，由我講「印度佛教思想史暨美術史略」專題課程。

二〇一七年，一來因為「大悲中心」食宿相當方便，二來「菩提閣」佛教藝術專題舉辦了三年，我們想規劃舉辦拾得法師的書畫展覽會。當時果峻法師表示，只要帶十幾張來展即可，因為他清楚在新加坡辦展覽的困難度很高，但是十幾張畫怎能稱為展覽會呢？於是果峻法師建議用募款的方式，畫作比較容易流通，永佳法師也贊成。沒想到新加坡佛教會不同意，理由是怎麼能為國外的寺院募款呢？尤其是新加坡在帳目管理很嚴格，所以大悲中心主事者擔心萬一政府來查帳，以為是大悲中心募款，事情就更複雜，因為大悲中心的相關企業很多，恐怕牽一髮而動全身。

當下的狀況令我幾乎傻眼，我們事先印畫冊、裱褙作品，再加上船運，已經花費上百萬新臺幣。我也已經規劃好所有流程：先去菩提閣講《妙法蓮華經》暨經變兩個晚上，為配合展覽會主題「法燈無盡」，於大悲中心講《維摩詰所說經》六個晚上，還有八關齋戒及三時繫念法會，本來想藉著弘法及法會的機會，順便宣傳展覽會並吸引觀眾，接著是大悲中心一年一度人數眾多的「浴佛節法會」，使展覽會的開幕能一氣呵成、相得益彰。

結果到了新加坡，才知道為了避免募款，弘法與法會過程中都不能宣傳關於展覽會的訊息。還好，果峻法師向當地活躍的藝術家林祿在先生尋求協助，見面後才知道林先生是拾得法師臉書上的粉絲，這兩、三年來都在臉書上閱讀相關作品，如此一來，事情開始有了轉機。林先生找來當地記者，推薦拾得法師的作品，藝術家願意推薦藝術家，非常難能可貴！

果峻法師不但大力幫忙，更出資找來專業人員，依據我的設計圖，搭建木作的展示隔間，又安裝投射藝術燈，法會後三天，齋堂變成了美術館，令參觀者驚奇不已，加上臺灣北投覺風學院的志工們、中華花藝的周老師及助理們的協助，佈展十分順利。現場由作者拾得法師親自先為導覽志工解說作品，十分難得，他們都是臺北故宮的優秀志工解說員，擁有優異的口才與內涵，把拾得法師的作品更推向觀眾的心靈。

特別值得一提的是「菩提佛院」傳根法師，曾到過新竹永修精舍來找我，她獲知我們舉辦展覽，就支持請購作品。我們共為拾得法師舉辦過三次展覽，這次的成果最好。雖然原先在臺灣計畫好，初到新加坡卻遇到挫折，幾乎跌到谷底，後來慢慢地攀升，又見到了曙光，實在相當戲劇化。臺灣駐新加坡代表、副代表都來參觀，還有許多當地的藝術家、畫家、收藏家，拾得法師的學長，也是家兄的同學——陳連山夫婦，幾乎天天都來幫忙，還有許多法師與居士們支持請購與護持。

大悲中心主辦這次的活動，最後將成果平均分配，對大悲中心的管理層級也有了交代，皆大歡喜。每天觀眾絡繹不絕，作品天天有人貼紅點請購。展出期間，拾得法師的四場演講以及當場示範，也讓許多觀眾立刻拜師學藝。能在國外，而且困難重重的處境下，有這麼好的成果，極為圓滿。

在印尼巴丹島感動於求法心

印尼的巴丹島離新加坡很近，約只有一小時的船程，並不會感覺到是另外一個國家，此處也是觀光勝地，是新加坡人很喜歡去的景點，因為物價相對便宜很多，只要兩百元新加坡幣就能住三天兩夜並包含用餐，飯店設備也很舒適。慈慧淨苑的住持世初法師是巴丹島當地人，畢業於圓光佛學院。在東南亞，常常可以遇到比我年輕的出家住持，且幾乎都是來臺灣讀佛學院，可見得臺灣在漢傳佛教傳承的重要性。

一般而言，我無法專程去巴丹島弘法，多半是到新加坡時順道前往，通常去兩個晚上，講一部經。由於過去印尼排華，禁止中文，印尼華人中文字識得不多，閱讀中文或讀經，對他們而言相當困難，誦經得依靠拼音。以往以法會為主、兼修密法，所以到巴丹島講經的法師不多。但我去講經時，他們都很虔誠、很願意來聽經，男眾居多，年輕族群也不少。慈慧淨苑位於工業區，寺院是工廠改裝，晚上聽經必須經過既黑又暗的道路，這樣來回的求法精神很可貴。

二〇一一年去了第一趟，二〇一三～二〇一七年我每年都到巴丹島弘法，主要是感動於當地慈慧淨苑的住持法師，很用心帶領著居士們對於佛法的熏修，雖然地點偏僻交通不便，然而兩個晚上的課程仍有百來人來聽課，看到他們這樣聞法心切，再遠再累也要滿足他們的心願。

二〇一六年我特地從臺灣帶去一幅兩百多公分，大圖輸出敦煌石窟的西方經變圖，在學員聚精會神聽講《阿彌陀經》後，帶領大家神遊敦煌二二〇窟的阿彌陀經西方變相圖。這是莫高窟初唐時期規模最大、保存最完整的一幅大型經變畫，依據《佛說阿彌陀經》繪成，有七寶池、八功德水，池中蓮花大如車輪，微妙香潔、奇妙瑞鳥、諸寶行樹出微妙音等，其中諸大菩薩、善人俱會一處，碧空中十方諸佛菩薩乘祥雲而來，飛天散花，彩雲飄動，花雨繽紛。我環顧聽法學員，身心沉浸在西方淨土經變的感動中。之後，我更決定把經變圖留在慈慧淨苑，讓法師與居士們十分驚喜！

二〇一七年，因為住持法師到新加坡醫病，二〇一八～一九年就沒有再過去。沒想到二〇一九年住持法師親自到新加坡邀請我再去弘法，二〇二〇年本來要去，因疫情而暫告停止。

前往美國結善緣種子

二〇〇七年我離開法源講寺、接任永修精舍住持，接著在戒玄法師的陪同下去美國弘法。

美國弘法的開端始於仁俊長老在紐約設立「同淨蘭若」，每年暑假都辦「佛法度假營」。本來仁俊長老很少請比丘尼說法，但因為有居士請購了我的弘法DVD，眾人看後就建議長老一定要請我到美國講經。雖然稱為「佛法度假營」，但我覺得像戰鬥營，時間緊湊得不得了。有位老修行說這是度「假ㄐㄧㄚˇ」營，是要藉假修真。老人家的精神讓我覺得不可思議，當年將近九十歲，一身多種癌，需要做放射線治療，但每次治療回來後馬上就坐在臺下聽講，從未缺席，充分展現對佛法的尊重。我覺得在那裡講課的壓力最大，老人家聽了覺得不對，馬上會拿著拐杖咚咚地敲地板。然而有一回，他聽著聽著，竟然出聲稱讚：「好！好啊！」頓時我有如放下千斤重擔。

二〇〇七年美國的法鼓山法師知道我那年會去洛杉磯弘法，就邀請我順便去洛杉磯的法鼓山道場，後來我又要飛紐約，又邀請我到紐約東初禪寺及象岡道場。果謙法師說：「她很早就在看我的《八識規矩頌》DVD。」

新加坡的果峻法師那時是象岡道場的住持，果峻法師跟繼程法師聽我講完課後說：「我們的課不用講了，都給法師您講吧！」本來時間相當有限，我傻傻地沒多想，就說好吧！就這樣講了三整天，這群聽眾素質非常高，很進入狀況。

這次美國行結了很多善緣，也重遇故友。我先遇到了周錬的太太，周錬是家父非常早期的學生，轉眼已經是國際燈光大師，美國紐約「勝利女神」就是他打的燈光。家父在國立藝專教書時，周錬他們一群學生就住在家裡，也跟著家父做日月潭教師會館的大浮雕，算是入室的弟子。

周錬後來去美國留學，假日去燈光公司打工，因為他有雕塑的基礎，想法很靈活，能打破傳統，所以受到重用。很多博物館的燈光都是由他設計，法鼓山的燈光也是出自他手，奇美博物館及臺灣重要的美術館燈光，也都拜託他設計。新竹工研院每年都請他回來臺灣，指導燈光界的研究人員，他算是家父學生裡，除了朱銘以外，較有成就的人。每年他回到工研院時，也會去位於交通大學的「楊英風藝術研究中心」，但我卻一直都沒遇到。

象岡課程第三天早上，我講「佛教藝術」課程前，周太太把她先生帶到我面前：「師父，您看是誰？」我腦中一閃，直覺地喊出：「周錬！」我當時真不知道周錬會出現，他太太因為沒把握他是否能來，一直都沒講。那次真的非常感動，他聽了一整天的課程，這真是我的奇遇記。記得上一回看到他，他是位英俊挺拔的小伙子，而我還是個小孩子，時隔四十多年，如今他頭髮白蒼蒼，而我已經出家二十多年了，頗有時移事轉、世間無常之感。

周錬受家父影響很大，視父親如師如父，回臺灣一定到楊英風美術館，但因為我出家了，一直沒遇到。二〇一八年覺風基金會拍楊英風紀錄片，周錬是一位很重要訪談的對象。紐約象岡道場的課程也造就了一段因緣，當時我認識了來聽課的常觀居士，她來跟我說：「師父您需要甚麼？我們有個基金會可以幫助您。」當時我尚無特別需求。後來他們全家從美國紐約搬回上海，離臺灣很近，就飛過來找我。我們剛搬到永修精舍，一切百廢待興，設備很不齊全，常觀居士見到我住在這樣的道場相當不忍，發願要來協助我們。所以二〇一〇年我看上北投土地時，她沒有二話，對我們做了最大的護法。

首度美國弘法，我還遇見了五十年前的國小同學王曉英、王紹蕾，真是不可思議。

美國東西岸宣揚正法

二〇〇七年十二月底我再度帶著諦玄法師前往美國弘法，恆清法師想把早期留學時成立的基金會過戶給我們。我們先到洛杉磯法鼓山道場講《金剛經》，或許是正值寒冬，我突然喉嚨失聲，勉強講了三整天，接著抱病飛往東岸，到紐澤西同淨蘭若參加「佛法度假營」，時差加上溫差，整個身體幾乎垮下來。三天的《學佛三要》課程中，感恩法師及學員們的熱心，提供的感冒藥堆滿了行李箱。二〇〇八年元旦到「天良小品」講「認識生命」專題及長島讀書會佛學問答，結束後再度飛返西岸洛杉磯，到王府及溫妮家讀書會，再到雪峰精舍參訪，並與恆清法師完成「覺心佛教會」法人登記。諦玄法師也從此居留美國，協助我幾趟的美國弘法。直到二〇一七年拿到博士學位，又繼續於美國教書。

二〇〇八年九月第三度美國弘法，圓光佛學院性謙法師陪我同行。首先到紐約莊嚴寺，莊嚴寺是沈家楨居士創辦的道場，約一九八二年時，沈居士有一尊宋代瓷器觀音像，想將這尊觀音供在觀音殿以示尊重，因此邀請家父設計觀音殿的佛龕，我跟家父去過一趟，住在沈居士市區的大樓。當時仁俊長老亦居住其中，長老的生活很簡單，我看到他老人家煮午餐，麵、菜全部放在電鍋煮，就是簡單的一餐了。

時隔二十六年再去莊嚴寺，親切感依舊，不過沈居士卻已不在人世了。這時是法曜法師當住持，法曜法師是在斯里蘭卡出家的南傳比丘，母親是臺灣人，是帶禪修著名的「石媽媽」。法師是留學英國的博士，通曉多國語言，他的弟子海樂法師也是臺灣留學美國的博士，所以他們較容易接引西方人士入佛法及道場。

在美國弘法，重點就是要接引西方人學佛，有些南傳比丘誤認為「大乘非佛說」，有的比丘會拒絕北傳的大乘佛教系統。因為法曜法師小時候隨著母親在臺灣接觸佛教，不會拒絕北傳，甚至還學習過北傳的梵唄法會，是莊嚴寺非常理想的住持人選。

莊嚴寺的大佛殿高達四樓，我進入大佛殿講《阿彌陀經》，還帶了一幅極大的《阿彌陀經》經變圖，捲起來將近兩公尺高，差點進不了飛機，可是到了大佛殿一掛，還是顯得小。

讓我想到龍樹菩薩的《中觀》：不落二邊的中道，大不是絕對的大，小不是絕對的小，大與小透過深觀因緣法，明白在因緣法上是平等的，才能不落二邊，超越相對，達於不落二邊的中道啊！

住持法曜法師安排我在如如圖書館講《印度佛教思想史略》，及在大佛殿講《佛說阿彌陀經》暨經變與「唯識學入門」，並且在紐約市區的容閎小學租借大禮堂，提供更多市區的法師及居士們來聽經聞法，我講《金剛經》加上唯識學的比對，引起許多人的興趣，大家都法喜充滿。

二〇〇九年四月，第四度美國弘法，本次弘法嘗試以恆清法師轉給我們的「覺心佛教會」來運作，先在西岸洛杉磯的菩提寺，舉辦「佛法度假營」，我於度假營中講《印度佛教思想史略》及「印度佛教聖地與經典」課程。然後飛往東岸於紐約莊嚴寺大佛殿主講《八識規矩頌》及「印度佛教聖地與經典」，之後於紐約法拉盛「臺灣會館」舉行『金融風暴中的智慧之道』專題演講，北上麻州波士頓普賢講堂也舉行『金融風暴中的智慧之道』專題演講，並講《唯識三十頌》與浴佛節法會主法。

家父的學生楊平猷是位藝術家，大約一九八〇年代即移民美國洛杉磯，我多次美國弘法行只要到了洛杉磯，他都很熱情的發心協助。這回當我要離開美國時，他竟然交給我一尊家父的石膏材質觀音像原模，約有五十多公分高，七、八公斤重。我視若珍寶，不敢托運，雖然腰椎有舊疾，還是鼓起勇氣親手帶著走。洛杉磯的機場非常大，好不容易提著、捧著觀音像，走過非常長的通道，上上下下好幾回，氣喘吁吁地終於到達了登機門。卻發現竟然臨時換了另一個登機門，當下我手腳發軟，不知所措，正好有一位男居士趨前來問我：「請問有什麼我可以幫忙的嗎？」我非常興奮，好像遇到了救兵，再仔細一看，竟然是聖嚴法師的早期弟子果淳法師（可惜已經還俗），他高瘦挺拔，提起這尊觀音像對他而言輕而易舉，卻是解決了我的大問題。他還說：「昨晚，夢見觀音呢！」

行遍美國，四方弘法

二〇一〇年六月第五度美國弘法，我是從紐約去同淨蘭若，之後還去了聖荷西、密西根、休士頓等這些原本我很陌生的地方。

密西根的蘭莘佛學社（又叫彌陀村）是居士團體。在地廣人稀的密西根維持道場很不容易。他們的佛堂中沒有正式的佛龕與佛像，我便發心從臺灣送了一尊佛像及佛龕過去。值得一提的是，我在這裡遇到兩位金華國中的同學，她們在我講課結束後跟我相認，沒想到能見到四十多年前的老同學。

在聖荷西遇到我的表弟黃國瑞，他是留學美國的電子博士，早期就移民到美國，從事電子業，在這居士團體的佛堂裡當志工。幾十年沒見過面在美國相遇，真是巧之又巧，童年一起遊玩的記憶浮現，只是大家都已經變老了。更意外的是，高中同學周淑霞、朱婉平、李莉娜等同學，竟然一起聚會，她們都是電子業的留學生，我和周淑霞一起參觀了哈佛大學，還走了一趟北部的萬佛聖城。

每次出國弘法，旅行不是重點，所以對地區的地名，不會刻意記憶。這回美國弘法，剛好東西南北四方向都有講經的道場，南是休士頓，北是密西根，然後是東岸、西岸。去休士頓時，只知道有玉佛寺，更沒有想到表妹劉郁蘭住在附近，她得知我要去弘法，就跟寺方說：「寬謙法師是我表姊，就來住我家！」這樣也解決寺方的接待問題。

我跟表妹感情非常好，從小一起玩到大，直到她結婚，我出家，才東西分隔，再也沒見過面。沒有想到二十多年後，直到我去休士頓弘法才又見到面。有意思的是，在美國遇到的親朋好友，幾乎都是在弘法會場相認。

橫跨美加結兩國緣

二〇一二年六至七月，我第六度美國弘法，這次的時間約一個月，先由法玄法師及佩芬師姐同行，飛抵加拿大多倫多田居士家，我先在大都會百貨公司的文化廣場，頭尾各講兩整天的《大乘妙法蓮華經》與《八識規矩頌》專題。過程中亦到正覺寺演講「活在當下」專題，並接受多倫多佛光山永固法師的廣播節目專訪。

接下來的美國行程則由諦玄法師陪伴，我們住在蘭莘學佛社，宣講《金剛經》，並於密西根大學演講「生命的奧祕」專題，然後飛往德州休士頓玉佛寺講《八識規矩頌》。再又飛往紐約，於法拉盛臺灣會館演講「如何自在過生活」，並於喜來登大飯店宣講《妙法蓮華經》暨經變。因為田居士經營海運事業，早已經將《妙法蓮華經》經本寄往紐約，所以人手一部《妙法蓮華經》，依著科判表把整部《妙法蓮華經》暨經變圖講完，大家非常感動。大家身在國外，很難擁有《妙法蓮華經》經本，能夠聽完整部經文，幾乎都歎未曾有，這是一次非常殊勝難得的因緣！

隨後參與了紐澤西仁俊長老的同淨蘭若「佛法度假營」，講《大乘是佛說》課程。之後又參與紐約莊嚴寺「佛學夏令營成人組」講《龍樹菩薩及其思想》課程。完成了東岸的課程，立刻飛往西岸洛杉磯，在妙林蘭若講《大乘是佛說》及「印度朝聖之旅」課程。接著是租借客家活動中心，講《維摩詰所說經》課程，並於洛杉磯淨宗學會講「念佛是善法」課程。這一趟美加弘法，超過一整個月，美國東西南北跑透透，加上加拿大，算是緊湊又辛苦的一趟！

這次還發生了迷路事件。在紐澤西時，我們住在吳會長位於長島的高級住宅區，河畔之濱，風景優美，我每天都會出去散步，路線固定來回。有一天吳會長跟我推薦另一個景點，還指點了行走的方向，第二天我兩手空空的一個人出門了。由於道路彎彎曲曲，回程時迷路了，我沒有吳會長家的地址、電話，想到商店問路，但英文也不好，加上不知道確切地區，只會說：「住家前有河流的地方！」

還好遇到一位正在慢跑的中國女孩，我跟她說迷路了，但又說不出地址，於是她用手機替我報警，不久就來了兩輛警車，可我還是說不出來住處，警察也不知該將我送何處。

幸好諦玄法師發現我晚歸，深怕在人生地不熟的地方出事，請吳會長報警，警局和我面前的警察有了聯繫，地址位置也吻合我說的特徵，警察就把我送回吳會長家。

散步是我多年的運動方式，不管到任何國家，早上起來一定去散步，日行萬步。如果走同樣的路，不要七拐八繞的，就沒有迷路的問題，走在正法上，亦復如是吧！

為拍攝紀錄片再訪美加

二〇一七年第七趟美國、加拿大弘法行，一方面也是因為拍攝「楊英風紀錄片」，故與「十月攝影團隊」於西岸會合同行。首先由「楊英風藝術研究中心」黃瑋鈴主任陪同，飛往美國紐約。行程包含到華爾街觀賞家父不銹鋼大型〈東西門〉景觀雕塑作品、到紐澤西「雕塑大地公園」參觀園內所收藏的家父不銹鋼作品〈龍嘯太虛〉、〈月明〉、〈曙〉等作品。並於紐約探望妙峰長老，於慈航精舍講《妙法蓮華經》暨經變圖，還在大陸人住持的梵音寺講「揭開生命的面紗」，最後於喜來登飯店講「印度佛教思想史暨美術史略」兩整天課程。

出國弘法經常會受限於時間與空間，兩天內可以完成整體的「印度佛教思想史暨美術史略」專題，聽眾都感覺很訝異。這是因為我平時已經整理出詳細的講義，出國時就編輯濃縮，以大架構為主。以《印度佛教思想史》搭配《印度佛教美術史》的圖像，如佛陀時代，就配合朝聖的圖像；佛法時代，配合孔雀王朝桑奇阿育王時期的圖像；初期大乘的時候，就配合貴霜王朝的圖像，到了後期大乘佛教，就配合笈多王朝的圖像，效果非常好。幾乎是「孤門獨市」的專題課程，這趟弘法課程中，各在紐約及休士頓玉佛寺講了兩回合。

完成了美國東岸弘法行程，我們飛抵舊金山國際機場，由萬佛聖城基金會董事長接機，載我們前往柏克萊寺會見恆實法師，攝影團隊早已經嚴陣以待了。錄影現場的光線如同穿越教堂彩繪玻璃般，呈現東西方結合的畫面，恆實法師彈著吉他，厚厚暖暖的音質流露出對眾生的慈悲，好讓人感動！傍晚，我們驅車前往舊金山萬佛聖城，深夜抵達住宿區，這裡是一九八〇年代，家父曾經住過的房舍，彷彿家父的身影油然入眼簾！

這回我們拜訪萬佛聖城，得自於北投覺風學院陳吉雄居士的大力協助，由他的公子陳先生專業而熱誠的接待。翌日一早，安排我們整個團隊到另一個城鎮拜訪趙法郎女士，她是與家父同年代的雕塑藝術家，由宣化上人邀請到萬佛聖城，可惜趙女士已經失智，對當時並無記憶，相當可惜。回到萬佛聖城，我們到老木匠建築師住處，採訪他們夫婦曾經與家父的共事情況。傍晚於大殿宣說《佛說阿彌陀經》暨經變課程，與大眾結緣。

第三天早上，攝影團隊到法界大學學務處，採訪最早出家的比丘尼恆持法師和法界大學首任易校長，中午於法界大學餐廳享用豐盛的素齋。下午，我於法界大學的教室講《妙法蓮華經》暨經變，傍晚，陳先生帶我們到市區，參訪萬佛聖城的新基地。家父在萬佛聖城亦有〈藥師佛像〉及〈地藏菩薩像〉作品，及在五觀堂的大幅壁畫〈千手千眼觀音菩薩像〉。第四天一早，我們租了一部小巴士，沿著西部海岸線，從舊金山南下到洛杉磯，這正是一九八〇年代，恆實法師三步一跪，以三年完成的路線，實在令人震撼！到達洛杉磯林胡讓牙醫師宅，已經是下午七、八點鐘，整個路程約十二小時。

林醫師伉儷非常熱誠，為了讓我們免於不同住處的種種不便，乾脆讓同行七個人全部都擠在他家，並且分別為我們量身訂作不同的行程。首先我們拜訪洛杉磯Sunrider集團陳德福總裁，他收藏家父四件不銹鋼大作品〈龍賦〉、〈和風〉、〈輝曜〉、〈回到太初〉。還拜訪了法光寺禪光法師，那裡供奉家父早期的作品〈地藏菩薩像〉及〈藥師佛像〉，並且到市區訪談了一九七〇年代花蓮榮民大理石工廠于漢經廠長遺孀。

我於洛杉磯淨宗學會講《觀無量壽經》暨經變專題，完全以看圖說故事的方式，一天內完成一整部經典，符合修學淨土法門者的習性，大家聽得嘖嘖稱奇。

攝影團隊在此地拍攝完成後飛返臺灣，接著我和瑋鈴主任飛往休士頓，同樣住在表妹郁蘭家中，與諦玄法師會合後，於玉佛寺講「印度佛教思想史暨美術史略」，及「揭開生命的面紗」共兩整天，住持宏意法師幾乎全程參與，大家反應熱烈，提問不絕，結束後在大講堂合影留念。

接著飛往加拿大溫哥華，由林建成伉儷率居士們接機，住在建成居士家中。那裡還有一位林老師，平日常在家中及後院舉辦讀書會，擁有一群常隨眾，算是比較成熟的居士團體。這回安排我在「世界佛教會」講《心經》兩整天，聽眾超過二百人，是一次難得的盛會！

我們還在建成居士家中後院舉行了「梵唄教學」及「佛學問答」兩次聚會，感受到大家求法心切。福嚴佛學院真華老院長的弟子如源法師，在加拿大的卡爾加利大學修得博士學位，我在溫哥華時，如源與如立法師正好從卡爾加利開車往溫哥華而來，我們竟不期而遇。記得一九八七至一九九一年，我協助福嚴佛學院重建工程五整年，福嚴佛學院落成時，我皈依真華長老，賜號「如樑」，與如源、如立法師也算是師兄弟，在臺灣只有點頭打招呼，此回我們竟然於溫哥華建成居士家後院，促膝長談，真是不可思議！

這回美加弘法暨拍攝紀行，亦是將近一個月行程，走過美國東岸、西岸及南部，甚至越過美國北方到達加拿大。猛然回想，我於二〇〇一年八月，曾經受竹北正聞出版社性瑩法師的邀請，帶著法源講寺的常住法師們六人，到夏威夷檀香山幻跡佛堂參加盂蘭盆法會，拜了一整部《御製梁皇寶懺》十卷，及作了「三時繫念佛事」，並且在法會當中為居士們講了一部《心經》。趕回臺灣，九月臺南成功大學建築研究所開學，我再度入學成為學生，開始另一人生旅程。一晃眼竟是二十年前的事了，歲月真是不饒人，人生又能有幾個二十年？

回顧海外弘法體驗

雖然我出家於新竹，卻一直想到臺北來弘法，因此我想到在國外弘法的心得——各國首善大城居民都是最能聽經聞法的。美國的紐約、日本的東京、紐西蘭的奧克蘭、大陸的北京等，都有這個特質，可能也是跟文化水平比較高有關係。臺北的聽眾聽經聞法的能力是最強的，在臺北弘法，最能與法義相應相契。特別是我們長期每個月講課，現在又有每週五早上的讀書會，綜觀起來，臺灣最能聽經聞法的是臺北地區的信眾。

二〇一二年創辦北投覺風學院，國語弘法，流利順當，毫無障礙。可貴的是，不論年紀、性別，尤其是女眾，都悅意聽經聞法，這一點讓我覺得真是不可思議，這些聽眾的反應回饋是對我最大的鼓勵。我覺得學佛人不是只有參加法會，更要願意聽經聞法、思惟法義。北投覺風學院大概是漢傳系統中，難得的是聽經聞法的人數，竟然多過於法會人數的道場。

海外弘法也是很重要的，這是我的遠大志向，但談不上國際路線，因為我的外語能力不足，佛法系統中漢譯的法義其實是最豐富也最完整的，我若能將中文講清楚，就很滿足了。我去美國東部的同淨蘭若時，就有好幾位信眾特地從加拿大飛來聽課，他們提議要請人幫我做翻譯、打成英文字幕。此外，在紐西蘭也有香港人想將我講的課翻譯成廣東話，希望把語音檔結合影音重新錄製成ＤＶＤ再送往香港，但是這個願望迄今尚未實現。

我覺得個人能夠做的事情有限，趁體力、精神尚可時出國弘法，還算是有意義的一件事情，跟眾生之間結善緣的機會增多，也能有一點直接貢獻。我也常常覺得在生活中，佛法的體驗很重要，尤其在困境當中體會更深刻。講經時，聽眾最喜歡聽跟個人生活息息相關的例子，我在講課前都會先將道理想清楚，而且還要能應用到生活中。

這輩子，我從沒有想到竟然因體會到佛法甚深法義的法喜，支持著我突破口才的笨拙，將佛法傳播給更多的眾生，共享佛陀的智慧與慈悲。二十年來，六十多趟的海外弘法，讓我此生感到非常充實與滿足！感恩三寶及眾生對我的包容，給予我這麼多的機會，唯有發願並實踐「將此身心奉塵剎，是則名為報佛恩。」

二〇二〇年正值疫情肆虐，取消了新加坡、印尼、美國、加拿大及紐西蘭的出國弘法行程。但卻於二月舉辦了第七趟「印度朝聖與石窟之旅」，帶著八十多人的大團，去程經由香港轉機，回程卻不敢取道香港，深怕回臺後需十四天的居家隔離，改兵分三路回臺。

第九章 佛法不拘形式，藉社會文化順水推舟

出家以來，除了固定的弘法行程，我總是積極辦理各種營隊活動，其中亞洲佛教藝術研習營、兒童讀經班為時最久。生活講座、藝術展覽、臨終關懷、覺風書院多元課程，則是提供活到老學到老的場所，也是引入佛教修行的方便之道。佛法在世間，不離世間覺，社會文化活水的參與，也是出家菩薩的責任之一。

善巧法門，扎根在地關懷鄉土

佛教要接引更多信眾入佛門，方法之一是舉辦結合藝術文化、生活保健、環保宣導與在地尋根等相關課程活動。

跨界合作開展佛教新面貌

覺風基金會在新竹市立文化中心舉行過三次大型專題講座，第四次則是在法源講寺。第一次是一九八九年「佛教藝術生活」講座，禮請當時的名師真華長老、明光法師、莊淑旂醫師，以及家父楊英風主講。為宣傳這場講座，家父親自設計海報，這是基金會第一張正式的海報，竟然也是新竹市立文化中心成立以來的第一張海報。講座當天晚上，志工在大門入口處一字排開，歡迎各界嘉賓，中心主任林志成先生看了既驚訝又感動。算是新竹地區第一次由佛教單位舉辦結合藝術文化的活動，讓大眾對佛教界有了嶄新的視野。

第二次是一九九〇年因應「世界地球日」舉辦「環保講座」暨「尋根之旅」活動，禮請明光、傳道法師、王俊秀教授、胡茵夢老師等做了一系列的專題演講，並與新竹公害防治協會合辦「尋根之旅」，探訪新竹市區工業汙染嚴重的河川、工廠等，並參訪當地寺廟古蹟，以佛教結合環保的方式，讓廣大的眾生更親近佛法、並發現鄉土的美好與問題。

第三次是一九九四年「緣慧厚生——珍惜大地資源」，推廣全方位文化環保觀念，擴大領域以佛教結合藝術文化與環保，由覺風基金會與楊英風基金會主辦，並邀請新竹公害防治協會、新竹蕙竹成長社協辦。內容有「楊英風大師展覽會」於新竹市立文化中心及科學園區戶外大型景觀雕塑；「太古踏舞團」於文化中心廣場舞蹈表演。其中我與王俊秀教授於文化中心舉行了一場「宗教與環保的對話」，還有精彩的晚會與金城湖等地的「海岸之旅」、寶山水庫等的「水源之旅」。真可以說是全方位文化與環保活動，歷時一個多月。

第四次於二〇〇六年在法源講寺舉行，由覺風基金會結合玄奘大學、于凌波居士紀念文教基金會合辦，舉辦外語教學的「臺灣文化與漢傳佛教體驗營」，約有十多位來自歐洲的青年參加，加上臺灣對英語學習有興趣的大學生，學生雖然不多，但是動用師資卻不少，為期約一個多月。另外，由法玄法師安排並陪伴這些外國青年，進行為時一週的旅行，實地理解與接觸臺灣文化，是特別的學習經驗。

臨終關懷推廣與養成

「生從何來，死從何去？」這是眾生共同的大哉問。蓮花基金會自一九九四年成立以來，一直致力於佛法與臨終關懷的結合，每兩年舉辦一場「佛法與臨終關懷研討會」，每年定期辦理「本土化靈性關懷」系列課程，長期為「臨床佛教宗教師」之教育養成及推廣工作而努力。

一九九八年六月，覺風基金會和蓮花基金會於交通大學中正大禮堂聯合舉辦大型「臨終關懷．生死大事」，由教界與醫界聯手，希望幫助眾生能夠生死自在。惠敏、大航法師與我，以及陳榮基、莊榮彬等醫生、黃鳳英老師都以悲心闡述，希望對臨終病人有所助益。二〇〇六年七月，覺風基金會與蓮花基金會、鄭再傳基金會，又利用了兩次隔週六、週日，共計四天，於中華大學會議廳聯合舉辦「安寧療護・臨終關懷」研習營。

二〇一八年九月，再度邀請蓮花基金會與新竹覺風書院合辦「臨終關懷專題」課程，主題為「安寧醫療——照顧與生命的尊嚴維護」，為期兩學期共八整天的課程。二〇一九年九月，持續以為期兩學期共八整天的課程，於北投覺風學院合辦，主題為「樂齡生活・友善關懷」，唯二〇二〇年二月進入新冠肺炎防疫時期，一切活動課程皆已停辦，就期待以後再繼續努力推廣。

近幾年來，「寬心癌友會」由許中華醫師領隊，二〇一六年起迄今五度參訪覺風園區。我們的志工到捷運復興崗站，引領癌友們沿著貴子坑溪畔散步，向上走到園區，招待大家熱茶、午齋後，演講與會談，以佛法讓癌友們更有力量面對病苦，理解生命的去來。

我常常以數線說明生命的流轉，「臨終關懷」就是提醒大家，臨終不可怕，可怕的是不知死後走向哪裡？臨終的安寧療護所照顧的是生命，不是死亡。它對病人身心情緒的痛苦，給予支持與了解，減少並控制疼痛，使病人有時間與家人及關心的人在一起。同時病人在醫療與精神得到支撐之下，可以藉由佛法引導，趣入佛道，畢竟人身難得，佛法難聞。

佛教藝術的多種面向

我一直希望佛法能與生活結合，使佛法生活化，生活佛法化，更進一步——佛法藝術化，藝術佛法化。所以舉辦展覽會並配合專題演講，如此有助於理解作品，更能深度探討創作因緣，也是很好的度眾方式，因此多年來我們將佛教藝術推廣以各種面貌呈現。

藉花藝親近佛法

「佛教藝術創作展」是由陳清香老師籌劃，臺北京華藝術中心林隆華書法家主辦的全臺巡迴展。第一屆我們來不及參與。一九九一年起我們協辦新竹地區第二屆與第三屆「佛教藝術創作展」，當時有人推薦羅吟惠老師以中華花藝美化會場，我在那次展覽中首度接觸中華花藝。

一九九四年三月底，中華花藝文教基金會在陳曹倩董事長的領導下，於臺北國立歷史博物館舉行「第十屆中華花藝展」，主題是「佛教插花」。在這之前，基金會為讓參展的資深老師及學員們認識佛教，特以此主題，從一月到三月中旬的每週六、日，舉辦了近二十六場主題講座，我受邀演講其中的六場。插花老師們為了更了解佛法，竟然與我討論到晚上十一點多還欲罷不能，因此與中華花藝文教基金會結下了不解之緣。也發現原來幾十年來臺灣流行的日本插花是源自於中國，而中國插花的源頭竟然是來自於印度的佛教供花，此後只要是有關佛寺中的佛教供花，我一定採用中華花藝的插花方式。

一九九五年三月，覺風基金會與羅吟惠插花教室合作，於新竹市立文化中心舉辦「中華花藝——佛教插花展」。展覽會中，我們列印了大幅石窟佛菩薩像，展示家父楊英風的佛菩薩像，除了以花藝表達各佛菩薩的願力與特色外，又向金山家具公司借用精緻紅木家具，擺設為佛堂、客廳、和室、餐廳、禪室等，讓佛教藝術與中華花藝走進普羅大眾的生活。

展覽引起廣大的迴響，因此展期再延長一週，文化中心也取消週一和週二的休館，閉館時間更延到晚上九點。當時許多人還來參觀好幾次，不斷地照相錄影，為此還增設攝影比賽，提供家父作品〈藥師佛〉雕像為獎勵品。

一九九六年七月法源別苑開始設立「中華花藝」課程，由正在別苑工作的周華坦師姐指導。同年十一月中華花藝林宜樺老師，邀請覺風基金會策展彰化縣立文化中心的「中華花藝——佛教插花展」，一九九九年國立交通大學「藝文空間」開館的展覽會，亦搭配了中華花藝與潛園家具。後來，周老師更受聘為科學園區蕙竹社的中華花藝老師。

近二十年來，由覺風基金會與新竹市中華花藝協會互相支援協助佈展，也合辦相關講座，如「花現美術館——中華花藝與生活美學」、「花緣美術館——中華花藝與佛教藝術展」

等，共計三十多場中華花藝與佛教插花展。

此外，二〇〇八至二〇一二年間之農曆過年法會，覺風基金會每年都特地於淨業院古厝舉辦「百年古寺展風華」藝文活動，配合常住長年舉辦花藝班的花藝、書法班的書藝、茶藝班的茶藝，以及古琴表演，讓大家過一個文化氣息濃厚的新年。後來「淨業院」在二〇一八年五月被新竹市政府認定為「市定古蹟」。

在書畫陶印中感受佛法

我認識開印法師應該是二〇〇〇年初，為了邀請法師來法源別苑講授佛學課程，及我到馬來西亞沙巴弘法的因緣而結緣。二〇〇一年我剃度法玄法師，結下深厚的師徒緣，也是由法師推介而來。

二〇一一年十一月底，何其榮幸禮請開印法師，在新竹市文化局舉辦「百福莊嚴」展，隨後又南下高雄市文化局展覽，希望能讓未學佛者種下入門的因緣，而已入門者能在法師深厚的佛法底蘊下共享「禪心墨韻」。在展覽會時段之前，還禮請法師及開照法師至新竹永修精舍為我們主持一週「慈心禪」禪七，讓我們能潛心來用功。

我個人對書法充滿了喜愛，卻仍是個門外漢，不過就我與開印法師的接觸與理解，感受到法師的宿世慧根，透過努力修行悟道與書法藝術的生命結合，而呈現出特殊的書藝道氣。

二〇一四年初，開印法師邀請我和法玄法師到鶯歌臺華窯，參觀一場精采的「法的禮物——拾得法師六十歲書畫陶印展」，欣賞當下，直覺我所嚮往的現代佛教藝術的創作展，不就是如此嗎？（透過出家修行、禪修、法義、生活乃至生命的體會與實踐，再將之以熟稔到技巧脫離的方式表達出來，直指心性，震懾人心。）

早在二〇一一年為開印法師舉辦「百福莊嚴」展時，當時開印法師的畫冊封面題字者即是拾得法師。法師在新竹市與高雄市文化局，各有一場「一毛端中」的演講，我因本身課程關係，都失之交臂。二〇一二年初，為答謝朱銘贊助《楊英風全集》三十巨冊，特地招待了一群朋友前往清境農場「雲的故鄉」飯店一遊，開印法師帶著開照法師及如智、如範法師一起參加，他們都特地前往埔里拜訪拾得法師，再與我們會合於「雲的故鄉」，我心裡想著「這位比丘尼是何方神聖？竟然讓一群甚具才華的比丘們，如此敬重。」直到二〇一四年初，終於當面見到這位出家才女，真有相見恨晚的感慨。我就在那次展覽會中，邀請拾得法師年底到新竹美術館舉行展覽會。

二〇一四年底，新竹中華花藝協會於新竹美術館正好有一個展覽的檔期，邀請覺風基金會共襄盛舉，我靈機一動，想以拾得法師的書法結合中華花藝協會的花藝，相信是一場相得益彰的展覽會。於是就舉辦了「如如實相印——拾得法師書畫陶印展」以及拾得法師三場演講「滴水穿石——念篆刻」、「無聲之音——禪與書法」、「如睡夢覺．似蓮開花」。由於法師作品精彩，再加上會場的精巧布置，參觀者絡繹不絕，收藏者不少，總算交了張漂亮的成績單。

二〇一五年九月至二〇一六年一月，北投覺風學院上學期每月一日的禪修課程，就禮請拾得法師帶領「從禪入書」與「從書出禪」，結合書法與禪修的課程，讓北投的學員有親炙法師的機會。二〇一六年一月三十一日至二月二十四日，北投覺風學院的講堂大殿搖身變為美術館的展覽空間，「晝夜吉祥——拾得法師書畫陶印展」開幕當天中午，舉辦旃檀妙供茶會與音樂午宴，並由邱敬夫長笛演奏與高閑至演唱老歌。接著於二〇一七年四月遠赴新加坡，配合大悲中心浴佛節法會，舉辦「法燈無盡——拾得法師書畫陶刻藝展」。

二〇二〇年覺風基金會再度為拾得法師舉辦的「喜覺支——拾得法師三法印展」。當時覺風學院前的「北投社三層崎公園」，於一月初種滿了各式各樣色彩鮮豔的花朵，彷彿置身於日本北海道富良野四季彩之丘。園區童趣的裝置藝術可以賞花玩拍，讓遊客新春免出國，也能沉醉在賞花之趣。沒想到疫情中，各行各業都沉靜下來，三層崎公園竟然成為網紅打卡勝地。遊客如織，帶動人潮及周邊飲食與停車需求，順便走上來覺風學院，又可以參觀拾得法師的展覽會，許多人假期來北投賞花，還搭配北投一日遊等活動，這完全是我們始料未及的。

以營隊為力，培育佛教青年

法源講寺與高中學生結緣甚早，在一九七〇至八〇年代，就為當時新竹市來自桃竹苗偏遠地區，報考大專聯考的學生、陪考家長，特別提供住宿及午餐配送考場的服務，對青年學子的聯考略盡心力，行之有年，具有口碑。逐漸地，交通方便了，可一日往返，需求才逐漸消失。

一九八九年浴佛節，惠空法師到法源講寺拜訪執事法師，惠空法師正為當前大專院校佛學營凋零狀況憂心，因此奔走各寺院，希望能由各寺院發起舉辦高中佛學冬、夏令營，藉由舉辦高中生營隊，接引高中生學佛，他們進入大學時，就能有機會參與佛學社，帶動佛學社的活潑氣象。

初辦佛學營從高中生開始

當時經過惠空法師的提倡與鼓勵，常住住持及寺眾法師們經過開會討論，欣然接受，於是由我負責籌辦。先向信眾的孩子們宣傳，再經過同儕互相傳遞，以及國高中老師的介紹，第一屆高中生夏令營於一九八九年暑假成隊。當時全寺動員，戰戰兢兢，記得培英國中的簡富美老師及楊秀卿老師、交通大學前校長張俊彥教授等人的孩子剛好高中畢業，都參加了此屆夏令營。

有了舉辦第一屆高中生夏令營的經驗，第二年寒假的高中生冬令營也自然順理成章地舉行。一九八九年為了出版《中國古佛雕》，洪致美、袁慧莉兩位推薦林保堯教授來審核內文，因此我與林保堯教授繼而籌劃了一九九〇年第一屆大專佛教藝術研習營，共計七屆，直到一九九六年才暫停。二〇〇七年寒假，由顏娟英教授規劃，恢復為「亞洲佛教藝術研習營」，迄至二〇一九年共舉辦了二十二屆，二〇二〇年因疫情暫停。

藝術研習營隊向來以佛教藝術為主題，結合國內佛教藝術學界的學者教授，林保堯、陳清香、顏娟英及李玉珉教授等，國外的常青、李靜杰等教授，並培養下一代的研究生為輔導員，如陳奕愷、林芳吟、謝俊發、陳慧霞、陳慧虹等，後來大多成為佛教藝術領域的專家學者，並培養社會人士、大專院校生從鑑賞乃至投入佛教藝術領域，如同藝術金字塔的結構，成為覺風基金會舉辦「佛教藝術研習營」的最大特色。

一九九三年起我們停辦了「高中生佛學冬令營」，僅保留最有特色的寒假「大專佛教藝術研習營」。原因是在佛教寺院舉辦年輕人的營隊，難免人聲吵雜且人事複雜；加上浴廁設備簡陋，使用困難；掛單人數眾多，只能在出家人寮房外的廊道打地鋪。使常住出家師父日常生活受到干擾，感到極為不便。

一九九五年新竹市童勝男市長的母親辭世，邀請常住法師協助處理佛事。事後市長知道我們擅長舉辦營隊，特別提撥預備款贊助，於四月至六月的週六、日舉辦了三梯次「新竹市婦女心靈之旅」，反應熱烈。暑假繼續與新竹市教育局合辦「國小營」二梯次、「國中營」一梯次、「觀護少年營」一梯次，至此可以說我們幾乎從國小、國中、高中與大專，乃至於婦女的營隊，幾乎都舉辦過了，是難得且彌足珍貴的經驗。

其中「觀護少年營」的困難度很高，同樣的大殿空間，平日百人以上都不嫌擁擠，但這些刺龍刺鳳誤入歧途的少年只有六、七十個，卻使大殿顯得異常擁擠，似乎個個手腳伸展不開。兩個晚上都要安排好幾位觀護人來鎮守寺院，深怕他們跑出去打群架發生意外。其中一個殺過人的少年表示：在這兩天睡得最安穩、最安心，大概是因為睡在諸佛菩薩保佑的地方吧！首日早上讓他們從高峰路路口，禮佛朝山上法源講寺，起初他們強悍不羈，到第二天早上卻見他們逐漸馴服，令人感動。營隊結束後，真想發心讓他們定期回到寺院上佛法課程，或是聽聽他們的心聲，但是因為難度太高而作罷。

一九九六年政府開始實施「週休二日」，我們立刻搭上了「政策順風車」，讓家長們可以陪著小孩子參加「兒童讀經班」。當時正好王財貴老師大力提倡兒童讀經，認為十三、四歲之前是記憶力最好的時候，要趕緊讓他們熟讀、記憶各類經典。王老師還提供大量的教材，幫忙培訓師資。當時有林記者幫忙，一旦我們開新班，立刻為我們宣導，於是兒童讀經班很快地於週六、日，開到十班之多。讀經班一週年時，我們於新竹市政府大禮堂盛大舉行結業典禮，獲得了滿堂的喝采。

一九九六及一九九七年的暑假，我們在法源別苑各舉辦三梯次兒童佛教藝術營，提供小朋友接觸佛法與藝術的機會，也廣獲好評。一九九八及一九九九年暑假，乾脆以安親班的方式，每週一到五共八週，讓家長暑假安心地將小朋友帶到別苑，每週都安排各種精彩的課程。二〇〇〇年暑假，於新竹市「耕讀園」舉辦九天的「兒童讀經．中國插花．書法」成果展，並安排五場主題演講，推廣與介紹佛法、書法與中華花藝。

二〇一七年三月新竹覺風書院落成啟用，我們利用寒暑假舉辦「兒童冬夏令營」，至二〇一九年暑假，總共五次，分別由戒玄法師、文修法師及澄玄法師主辦。每屆招收約五、六十個小朋友，加上小隊輔十多個，還有志工阿姨們及家長們二十多人，幾乎近百人參加。讓小孩子在玩樂中，學習畫畫、唱歌、表演、科學遊戲等等，寓教於樂，同時也熏修佛法，因為學佛的小孩子不會變壞。

二〇一八年六月，澄玄與戒玄法師曾經到法國一行禪師的梅村學習生活禪法，為期一個月。二〇一九年四月，特別邀請法國梅村的三位法師到永修精舍舉辦「梅村親子營」，內容主軸為「讓我們放下煩憂」，一同放鬆身心享受正念禪修，懂得如何與孩子相處與溝通，學習在時時刻刻中活得覺醒、自在與平和。

關懷非洲孤兒與ＡＣＣ合作募款

一九九八年底在高雄佛光山，我第一次與非洲南華寺住持慧禮法師會晤。後來，陸陸續續聽說慧禮法師在非洲收了很多孤兒，要蓋孤兒院，以及離開了佛光山，成立「阿彌陀佛關懷中心——ＡＣＣ」，專門照顧非洲的孤兒們。

二〇一一年ＡＣＣ小朋友來到新竹市文化局做「感恩之旅」的表演，永修精舍許多志工們自動發心到後場幫忙，在轉換場次間，很精準而快速的協助小朋友換衣服及配件。我一向鼓勵志工，只要能力所及，就應該到處發心，無須限於永修精舍。

二〇一二年，ＡＣＣ小朋友再度來到新竹市文化局表演，常住師父及信眾相偕去觀賞與贊助，當天表演得很精彩，但也很辛苦。尤其是團員在表演結束，深夜還得趕回臺北的住處。心想如果永修精舍提供住宿，他們就能好好休息，就在表演結束謝幕前，慧禮法師認出我。過了幾天，慧禮法師親自到永修精舍拜訪，我們才知道透過表演募款非常困難，且金額有限。如何有效能地幫助他們呢？最有效果的應該是募款餐會，於是我們答應慧禮法師隔年嘗試新作法。

我們尋找到新竹「華麗雅緻」餐廳，不但菜色好，廳內就有表演設備及舞臺，場地寬敞可以擺下一百二十桌。訂出一桌一萬的餐券，於是不只永修精舍的信眾發心，北投覺風學院的信眾也支持，盡量幫助募款，餐廳老闆也發心每桌只收成本價。最後我們竟然募到三百多桌的金額，實在不可思議。二〇一三～一五年連續三年，我們都為ＡＣＣ舉辦募款餐會，並提供住宿。

交大創立楊英風藝術研究中心

我於一九八三年圓滿家父的心願，在埔里完成住家兼工作室的「靜觀廬」，一九八五年完成臺北市的「靜觀樓」，於一九八六年出家。一九九二年「靜觀樓」改為「楊英風美術館」，由家姊楊美惠擔任美術館館長。一九九三年成立「楊英風藝術教育基金會」，家人一致贊成由我擔任董事長。

一九九六年交通大學百週年校慶，鄧啟福校長特別邀請家父為交通大學浩然圖書館前廣場，創作不銹鋼景觀大雕塑〈緣慧潤生〉作品，於百週年校慶落成時，由當時李登輝總統親臨剪綵，盛大而隆重。李登輝總統還曾經是家父一九五〇年代在農復會的同事！

一九九八年張俊彥教授由工學院院長接任校長，交通大學肩負科學園區發展的命脈，許多科學園區的電子業董事長出自交通大學。張校長除了重視理工專業素養與教育，也認為電子業軟體的研發更是需要人文藝術的創作力，於是在浩然圖書館地下室特別設立「藝文空間」。

一九九九年張校長跟家兄及我商量，原本想為家父開展覽會，但討論覺得並非一定要以展覽方式認識楊英風，而想要籌備楊英風學術研討會，又覺得還是不夠全面，於是經過校務會議通過設立「楊英風藝術研究中心」，讓家父創作背後的文字、圖像、手稿、資料等，成為「浩然圖書館」的特殊館藏，也是研究楊英風的第一手資料，希望楊英風藝術創作的精神，能成為交通大學學子們的無形財富。

二〇〇〇年初「楊英風藝術教育基金會」入駐於交通大學校友會「思源基金會」原址，當時邱再興董事長遷出「思源基金會」辦公室，讓我們在浩然圖書館內設立「楊英風藝術研究中心」。我出家於新竹，與交通大學向來因緣深厚，所以成了責無旁貸的主持人，並陸續舉辦多場活動。

十月舉辦「再見楊英風——逝世三週年」系列活動，包括「人文、藝術與科技——楊英風國際學術研討會」、「楊英風太初回顧展」以及於〈緣慧潤生〉作品廣場舉辦「舞動景觀發表會」，會後出版《人文、藝術與科技——楊英風國際學術研討會論文集》及《楊英風太初回顧展專輯》。

並由天下出版社出版《景觀自在——雕塑大師楊英風》、《風格》CD音樂片。接著，張校長發起電子業界校友認捐楊英風大師的作品，包括〈緣慧潤生〉、〈水袖〉、〈夢之塔〉、

〈南山晨曦〉、〈祥龍獻瑞〉、〈正氣〉、〈風調雨順〉、〈月明〉、〈茁生〉、〈海鷗〉、〈鳳凌霄漢〉、〈龍賦〉、〈鳳凰來儀〉共十三件，分布於校園各角落。

除活動外，也將家父生平與創作的上萬件圖文資料，以及各種文獻史料搬到交通大學「楊英風藝術研究中心」，並因應國科會計畫，建置「楊英風數位美術館網站」。我因此興起編撰《楊英風全集》的構想，之後於二〇〇一年亦建置「楊英風文獻典藏室」及二〇〇四年「楊英風數位典藏計畫」。

編撰《楊英風全集》三十巨冊

這套由文建會指導、交通大學策劃、蕭瓊瑞教授擔任總主編、藝術家出版社印製發行的《楊英風全集》，前後耗時達十年之久，二〇一一年終於完成了全套三十卷。

該年十月二十七日下午在文建會的《楊英風全集》記者會中，我表示在漫長的編撰期間，整個團隊曾遭遇無法負荷龐大印刷費用的問題，當時想到家父最得意的門生朱銘先生，他二話不說就答應要協助我們，慷慨捐出十三件作品讓我們義賣，於是出版的印刷費有了頭期款，他是這套全集產出的重要推手之一。當時朱銘說：「老師的事情就是我的事情！沒有楊英風，就沒有朱銘！」表示不管怎麼樣，都要幫這個忙。一來我是出家人，二來是朱銘說我很像家父，好像看到家父的影子，家父有這麼貼心的徒弟，他一定感到很安慰。

除了朱銘的幫助，還有以家父作品回饋贊助者。收藏家葉榮嘉先生也非常贊同用作品進行募款的方式，消息傳開不久，不用花太多力氣，沒有耽擱常住的事情，兩、三個月內募到印刷的編印費用。

《楊英風全集》最後的規模超出所有參與者原先的想像，耗費新臺幣近六千萬元，內容囊括創作篇與文件篇，包含了家父楊英風一生龐大的創作成果與文獻史料。總主編蕭瓊瑞對家父於資料的蒐集、紀錄與存檔相當感佩，說道：「楊大師如果不當藝術家，那應該會是一位很好的歷史學家。楊英風的史料，也幾乎就是臺灣現代藝術運動最重要的一手史料。」《楊英風全集》的出版不僅在學術上有著巨大貢獻，同時對於研究個案具有相當的啟示性，其中的工作方法、態度及互動模式都是值得學習的項目。

二〇一一年時值民國百年，伴隨《楊英風全集》出版，舉辦了一連串的活動，包括臺北藝術大學舉行「二〇一一百年雕塑——楊英風藝術及其時代國際學術討會」、鷺鷥草園的「鷺鷥風彩—楊英風景觀雕塑展」、圖書館舉行的「《楊英風全集》新書展示暨楊英風作品史料精華特展」，交通大學則在藝文中心舉行「呦呦英華展」。

《呦呦自在——楊英風》電視版紀錄片

我為了想要完成《呦呦自在——楊英風》這三集電視版紀錄片，期間耗資數百萬元，經過公開競標的方式，二〇一六年選定「十月影視公司」符昌鋒導演正式開拍。隔年我與攝影團隊走訪了日本東京與大阪、新加坡、中國的北京與雲岡，甚至遠赴美國舊金山與洛杉磯各地。其中的美國行與新加坡行，我特地安排配合當地的弘法課程活動，並訪談了七十多位重要人士；再經過將近一年的後製、剪接與修改，前後歷時三整年才大功告成。拍攝期間，遇到幾位來不及訪問的受訪者過世是最大的憾事，但也讓我們更加珍惜留存下來的影音紀錄。不論是舉手投足、隻字片語，都是受訪者與家父藝術生命的交會，從中領略其人其藝。

二〇一八年十月二十四日，舉行《呦呦自在──楊英風》電視版紀錄片發表會。華視於接連的三個週末首播此紀錄片，慈濟大愛台也於二〇一九年一月「似水華年」節目，採訪蕭瓊瑞教授、王亞維教授、符昌鋒導演及我，深入剖析紀錄片的幕後製作與拍攝理念，以及對臺灣藝術推廣的意義。二〇一九年的電視金鐘獎的頒獎會中，本片獲得了「最佳影片剪接獎」。

二〇一九年，攝影顧問團隊討論如何將電視版剪接成電影版，經過多次的商議，構想以我個人為主軸，剪成「我的父親楊英風」，再以印度佛教石窟與朝聖的拍攝，將佛法與佛教藝術貫串整部，最後將印度之旅作為本片的結尾。因此決定了二〇二〇年二月的印度行，八十三人成行。二〇二〇年初新冠肺炎疫情全球蔓延中，很幸運的是，當時印度的疫情是零確診的狀況，過程雖經種種轉折，總算全團平安歸來。

新竹「永修精舍」再生

自從二〇一五年初，孫偉德建築師協助北投覺風佛教藝術教育園區後，他也承擔起園區內建築方面的種種事務，我才有餘力思考永修精舍「慈心幼稚園」的未來。幼稚園於二〇一五年九月，因為少子化而停辦，停滯了一整年，我們決定於翌年農曆七月盂蘭盆法會完畢後，重新整建為「講堂」。

覺風基金會董事、玄奘大學黃運喜教授，提出因應社會人口老化，退休人口眾多，建議成立「覺風書院」的觀念，更能契合當今社會老化的需求，正好與我們的想法不謀而合。二〇一六年八月起，經過四個多月的工程期，一樓整建了一間大講堂，以及老師休息室及小型會議室，還有一間專用的影音製作空間。二樓則有三間通鋪地板教室，並整建了原來小朋友的廁所，成為大人的廁所兼浴室，改善了居住環境。書院的成立後，擴大招收社會人士，成為現代人身心靈充電與休憩的場所，原本永修精舍配合北投覺風學院的佛法專題，與文化課程也完全併入覺風書院。

二〇一六年底的佛法專題課程，首度於覺風書院的講堂舉行，正式結束了二〇〇七年以來，借用大殿作為講堂的狀況。並於二〇一六年十二月底跨年前後共計四天，舉辦「《攝阿毘磨義論》研習營」，由馬來西亞寂靜禪林的開印法師帶領著開仁法師及禪戒、禪正法師與多位居士團隊促成，並提供七十多人掛單，展開共計百多人的課程活動。二〇一七年三月初覺風書院正式開幕，每週共約進行二、三十種課程，多元而豐富。

二〇一八年九月由黃運喜教授與朋友成立的「大千佛教企業公司」，協助寺院申請與成立「關懷據點」。由熅如負責運作，逐漸聚合了一百多位長者，提供每週一～五的午餐，及關懷長者健康服務，並安排課程。每見到長者歡喜的、愉悅的來到精舍，就是工作人員的最大安慰。希望覺風書院能為逐漸老化的高齡社會，提供一個陽光的、正面的、能量的、身心的休憩之處，期盼將來還能為青少年提供溫馨的場所，則有待於更多人的發心參與。

第十章 以寺院建築弘揚佛法

建築，是我的另一種語言。

我不擅於說話，但是熱心。我弘法，但也不忘建築的專長，並多次參與臺灣佛教建築的興建與重修，如新竹福嚴佛學院、臺中華雨精舍、新竹法源禪林、臺北慧日講堂、宜蘭幸夫愛兒園、花蓮瑞穗聖覺學苑及北投覺風學院等。另外也多次舉辦建築研討會、海內外佛教建築參訪旅行。這樣的建築緣分讓我學以致用，不斷地汲取新知；也讓我廣結善緣，梳理出寺院建築的隨宜因緣。

此生除了以弘法結眾生緣外，又依建築專業和寺院結善緣，寺出寺入，佛法與藝術建築，彷佛翱翔之雙翼，自在來去，十分滿足。七度造訪印度佛教聖地與石窟，對我有非常大的震撼感觸，佛教思想的活水源頭了然現前，原本無形的思想，也能具體呈現出其特有的、活潑的空間氛圍。當下，我有個強烈的衝動，就是想從印度佛教思想史的脈絡中，為佛教建築的現代化尋出一條路。

第一次參與佛教建築

在思想上，我受到印順導師的啟蒙；在建築上，我又與導師的福慧兩道場結下因緣，一是福嚴佛學院，一是慧日講堂。這兩棟佛教建築，我都有幸參與。

以地瓜與福嚴佛學院結緣

我最早參與的佛教建築就是新竹的福嚴佛學院。真華長老常說我們是以地瓜結緣，家父也是因為這個因緣跟真華長老熟悉，爾後皈依印順導師。

福嚴佛學院改建的時候，還是辦女眾佛學院的時代。一九八六年，就是我剛出家那年，第四屆同學們學期結束，就要畢業了，院長真華長老帶著同學們來法源講寺烤地瓜。家父正好也到法源講寺，不約而同的跟真華長老見面，相談甚歡，談到福嚴要重建一事，家父推薦我學建築，或許可以幫上忙，就這樣開啟我與福嚴佛學院來往的因緣。

那時剛出家比較有空，真華長老把初步構想告訴我，他一邊說一邊伸出雙手比劃著，這邊是寮房，這邊是大殿等等。我設計之後再讓家父修改，然後找朱景弘建築師修正落實為建築設計圖。福嚴佛學院的改建工程，我跟著工程進度來來回回跑了五年，長老隨時一通電話來，我就從法源講寺開車前往。

當初經費很有限，真華長老賣了自己的房子補助建築經費，由真華長老徒弟心光法師的哥哥當監工。當時流行簽賭大家樂，工人一簽大家樂，就不見人影，中獎的人興奮地不想來工作，沒中獎的人也傷心地不來開工，就這樣周而復始，記得當時是每週四開獎，工地就起碼停擺一天。

寺院與學校的合體

福嚴佛學院不是單純寺廟的設計，是寺廟加上小規模學校的建築概念。重建期間，有一部分舊舍不能馬上拆掉，要用來繼續辦學，所以那個時候很辛苦，真華長老要上課，又要關心建築。我建議把大殿和教室用廊道連結在一起，這樣下雨時，老師及同學們來來去去比較方便。大殿後的兩旁是老師的寮房，住在二樓，隱私性較佳，學生的寮房則向外比較開放。

長老從很困苦的環境走來，一切能省則省，上百人的寮房中，晚上都只點小燈泡，只有教室開大燈，常讓外人以為停電了。工程期間讓我體會到「唯識變現」，當時悟殷法師、海青法師都在福嚴佛學院教書，尤其悟殷法師非常用功，整天都在讀書。有一回我們傍晚出去散步，回來後，我就說今天運來大石頭，還有樹木、還有花卉……，材料一運進來，我就很高興，覺得施工有進度。悟殷法師卻說：「有嗎？有嗎？我怎麼都沒看到！」我才真的體會到「唯識所變」，我所關心變現出來的，就是工地中的建築材料，而悟殷法師所變現的就是書本的內容，後來我把她讀的《大藏經》拿來看，看了半天，看不出所以然。悟殷法師一旦讀進去，就會讀出很多東西，我就會開玩笑的對她說：「有嗎？有嗎？我怎麼都看不出來！」那段時間，我們交情非常要好，她讓我在佛法上有討論、請益的對象。

後來佛學院落成，真華長老改辦男衆佛學院，只招收男眾。女眾只好改去圓光佛學院或其他佛學院就讀。改辦男眾佛學院需要有很大的勇氣，本來真華長老曾經要找我繼續辦女眾佛學院，我說自己只會蓋房子，不會辦佛學院。後來才知道，那時真華長老希望佛學院可以更現代化，但並沒有明說，如果先說，我或許會心動，但我跟長老說：「沒關係，長老您先辦男眾佛學院，萬一真的辦不下去，我們再來設法，若是辦得下去，那最好了！」剛開始改變為只收男眾時，受到很大的壓力，真華長老認為辦男眾佛學院可以讓佛法久住，立刻有法師質疑：「難道女眾就不行嗎？」福嚴佛學院地方不大，無法兼收男女二眾，所以只能選擇男眾。福嚴佛學院是三年一屆，第二屆到第六屆是女眾佛學院，第七屆以後就都是男眾佛學院。

以樸素古典為導向的佛教建築

福嚴佛學院的外觀樸素而沒有繁複的裝飾，古典而簡約，是鋼筋水泥的結構，不同於以往的木構造型式。傳統寺院的屋頂大都是用黃色的琉璃瓦，福嚴佛學院使用的比較沉穩的灰黑色屋瓦。一般人會以為鐵灰顏色不好，還好真華長老可以接受。像日本的佛教建築，屋身保持木頭的原色，瓦是灰黑色，感覺沉靜，黃瓦是過去宮殿建築的特色，寺院用黃色其實並不適合。此後曾聽聞其他寺院道場表示，因為看到福嚴佛學院用這個顏色，他們也才敢用灰黑色屋瓦。

福嚴佛學院的經費有限，每一分錢都需要花在刀口上，蓋好之後尚需要佛像、庭園景觀，樹與石頭的擺設，都要使用吊車來安置。有一回我吊放石頭時，印順導師正好住在二樓，導師很好奇，走出來看整個吊運石頭的過程。

家父擅長安置庭園中的石頭，他說每一顆石頭就像一座山的縮影。中國是非常愛石頭的民族，中國的庭園不能沒有石頭，所以他有一篇文章就說，從一顆石頭看世界，每一顆石頭就是一幅山水畫。家父安置石頭，可遇不可求，我經常抓住機會，跟在家父身旁學習與欣賞，他還會傳授給我一些訣竅！

我向家父學習，就是將每顆大小石頭調整角度，將最美的一面顯示出來，呈現最高的價值。如果擺得不對，可能最美的埋在土裡，露出的反而是醜態。有的石頭可以豎起來的，卻放成平躺之態，意境就南轅北轍，差之千里失之其趣了。石頭重心要抓得對，否則姿態雖美，又會岌岌可危，這就是感性與理性的平衡，本身的結構必須是穩定，再把最美的部分顯示出來。

為慧日講堂設計停車場

一九九一年福嚴佛學院建築完成以後，如虛長老正好接任慧日講堂住持，如虛長老是真華長老的弟子，並找我去協助慧日講堂的建築。慧日講堂於一九九三年規劃，一九九四年底才動工，一九九七年初落成。依建築法規規定，建築物必須在一定時間內完工，因此最困難且現實而急迫的問題就是「建築經費從哪裡來？」當時在協助慧日講堂建築的時候，我站在住持法師的立場，擔心經費問題。當時臺北市還沒有實行容積率，所以還可以盡量往下挖地下室，設為停車場。建築經費上一旦不足，就可以利用停車位籌措經費，這是慧日講堂建築可運用的條件。

出家人一想到建築，往往都會很煩惱、很緊張，一來沒有建築概念，二來就是要省經費。我告訴他們地下室要多挖幾層，但是一般人想到的卻是挖地下室要花更多錢，但是我認為利用地下室當停車場一定划算。

慧日講堂建造時，承天禪寺的住持傳悔法師發心供養三寶，捐贈了新臺幣伍仟萬元，同時也捐了伍仟萬給昭慧法師的弘誓佛學院，又捐了一億給玄奘大學。傳悔法師很有度量也很有眼光，承天禪寺是一個傳統的道場，一般維持自己的道場已屬不易，傳悔法師用心幫助佛教界，令人非常佩服。

當初講堂還沒有得到他的挹注，我就打算以賣車位作為收入來源。在臺北市要賣停車位是非常容易，因為停車場一向不充裕，這是我學建築的基本管理概念。後來慧日講堂執事會決定開挖兩層地下室，一方面是在市區，慧日講堂的僧眾、講師乃至於信眾都需要停車，若沒停車位很麻煩；再一方面萬一經費有問題就賣停車位，或可不賣，用出租的方式，每個月也可以有些收入。

慧日講堂由家父設計，具有現代的古典風味。整棟建築物皆是紅磚二丁掛外牆，整個立面的第三樓至六樓的中央開有一個大圓圈，代表「日」的意義，兩邊下面一、二樓的樓層與陽台，加上中央的入口，相當於「慧」字字型，所以從整棟建築物的外表，即可看到「慧日」的意涵。

一九九七年落成，第二年年初，我們就在慧日講堂舉辦「一九九八佛教建築設計與發展學術研討會」，並且還有佛教建築模型展。這是慧日講堂重建後，第一次比較大的活動，而我們在這裡舉辦佛教建築的研討會，別具意義。

協助永明寺搬遷建物

曉雲法師曾經住在陽明山永明寺，亦連續舉辦好幾屆的「清涼藝展」，直到離開永明寺到華梵大學。曉雲法師和我都是天台傳承，都致力於推廣佛教藝術。那段時間我常去永明寺，住持堅慧法師對我很好，邀請我在永明寺用閩南語講了一部《地藏經》。後來住持法師還出資，讓我在中國廣播公司錄製了一個《學佛真好》的節目，節目每次都先錄幾個小時存起來，一次播出半小時，節目內容主要以印順導師的《學佛三要》為主，講得比較輕鬆而生活化。所以我在永明寺一方面講經；一方面也幫著設計、搬遷建築物。

最特別的是協助搬遷永明寺舉辦「清涼藝展」的整棟建築物。這棟建物座落在國有土地上，相當沒有保障，所以就將整棟建物水平挪移到常住土地上，再重新整修內部，三樓整修為骨灰塔，後來也成為永明寺的經濟來源，室內裝潢也採用了印度石窟中圓拱屋頂的概念。

我的寺院建築理念

佛教建築有兩類，一類是無中生有的新建築，另一類就是古蹟再利用的舊建築修改，這是不同的途徑。經過時空的轉變，我們不可能回到過去，回不到過去就要走向現代。大乘佛法發展多元化，因此有很多的機能以及空間，與過去並不相同。以現代佛教建築的表現來說，機能多元但樣貌單純；過去則是樣貌複雜，機能卻很單純，過去是木造建築，雕龍畫鳳，所以必須不斷地延伸出去。現代的工法完全不一樣，內部可以增加現代化的機能，所以不必堅持要回到過去的模式。

由於不可思議的因緣，讓學建築的我與好幾所寺院結下善緣。有些出家人遇到建築的問題就來找我談談，想聽聽看我的意見，我對建築的構想是現代化的。坦白說，我在讀建築系的時候並沒有上過宗教建築的課程，最多只有跟中國建築有關的課程，傳統的部分學得不多。出家後，生活在寺院久了，才感受到何謂最需要、最適合、最機能的空間。

建築師不可能長期生活在寺廟裡面，而且出家人與建築師的思考有落差。一般出家人也很難向建築師表達「空間使用」格局，往往等到蓋好，發現不適用時，已經來不及修改。佛學院跟常住的寺院之間有什麼差別？佛學院畢竟是辦教育的地方，需要融合學校建築的觀念，例如必須設置廊道。我認為佛寺本身應該是一個質樸、簡約的地方，不一定非要展現北傳、南傳或藏傳的風格，主要在於寺院是走什麼路線。如果有一片樹林，就利用這個自然特色建成禪林，而不是硬要去符合某一種風格興建寺院。總之，因地制宜、配合因緣。重點是簡化，簡化是家父給我的重要觀念，以簡馭繁是根本之道。

現代的設備、科技、工法跟以往已經有很大的不同，我們當然要用現代的元素與材料。

以弘法而言，既然有了電視、手機、網路，為何不去使用？而弘法的道場也不再侷限於寺院。我在紐西蘭弘法時，奧克蘭的居士就在活動中心，請我演講佛法，當下活動中心就成了一個佛教的場所。固定的處所，因為行為的不同，而形成不同的空間，不一定要受限於外在的形式。無法等到把房子都蓋好了，具備佛教寺院的空間，才來講課。

剛到臺北講課時，我很想要有個分院或是道場，後來改變想法，就在附近租一個場所，例如救國團、臺北科技大學的教室，我們不一定要在寺廟裡面，才能做弘法事業。雖然借寺院也是方式之一，但是原寺院已有基本信眾，為避免拉信徒之嫌，就不方便借寺院道場，這樣弘法容易受到拘束，除非是寺院道場的住持邀約，但是我們弘法者一樣要謹守分際。不過，近來我連續數年受邀到中、南部的寺院上課，例如中壢力果講堂、霧峰護國寺、嘉義彌陀寺、臺南竹溪寺，住持與信眾都是以求法的心態來聽課，則皆大歡喜。

可借鏡國際佛教建築

二〇〇五年法鼓山落成，翌年聖嚴法師找我去法鼓山籌辦佛教建築研討會，聖嚴法師的構想是把法鼓山的建築介紹給更多的人，因為佛教建築本身往往是住持、當家法師的諸多想法與理念，並集合眾人所共同成就，因此很多人必然也會好奇。聖嚴法師本來考慮辦記者招待會或辦發表會，但好像都不足以說明清楚。我便建議用佛教建築學術研討會的方式，會更廣博、更深入、更客觀，結合業界、學界、教界三方面共同討論。不單是只談法鼓山的建築，同時也去關懷現代臺灣的佛教建築，更可以借境取經於國際間的佛教建築，當然還可以法鼓山為中心，讓參與者既能清楚明白法鼓山的建築理念，又能跳脫原來的視野。

研討會上，我介紹日本、紐西蘭南島、北島所看到的寺院，以及奧克蘭的佛光山跟慈濟兩者截然不同的做法，我的結論是不一定要仿古，仿古反而勞民傷財，難以執行又不容易推動。研討會中有十多篇論文發表，但有一些比較屬於報導性質，不完全是論文，之外就是法鼓山的建築過程、理念方面的介紹。

佛光山在紐國的古典建築

佛光山的建築在全球各地大部分都跟總本山差不多，稱為「古典新建築」，一種懷古的建築心念。

奧克蘭的佛光山是規模很大的仿唐式建築，蓋了七、八年。因為要仿古，所以蓋起來非常辛苦，蓋下去才發現仿古建築是個無底洞，花了兩千萬紐幣還沒有辦法完成，主要是因為要仿古，太繁複不容易蓋，樣樣都要從大陸或者臺灣進口；而且斗拱要找大陸人、臺灣人做，當地完全找不到工人，成本高達數億臺幣。雖從外面一看就知道是中國的寺院，但大殿裡面則是現代化的樣式。

不過在南島基督城的佛光山道場，建築物外觀就完全看不出是傳統佛寺。正面一看有四個洞，類似石窟的做法，把佛像分別安在洞內，分別展現佛陀的行、住、坐、臥之姿態，是一個很大的突破，這個突破其實跟當時住持法師有關，她的年紀與我相仿，活力十足，身兼南半球十個道場的住持，到處飛來飛去。有一次為了等我去，刻意改變飛機航班。我們兩個要碰在一起還真的很難。

慈濟在紐國的廠房寺院

雖然慈濟在紐西蘭比佛光山晚進，但是慈濟先花兩百萬紐幣買了一個工廠，再花兩百萬改裝，總共花了四百萬，立即如火如荼地舉辦許多活動，做了很多文教事業。

慈濟的做法，幾乎是新的觀念，脫離固有寺院的樣式。慈濟買下整個廠房之後，主要入口採用人字披的門樓，符合人間佛教的意象，入口門樓以四根柱子撐起，跟各地的慈濟建築一致的意象。慈濟會員要來都很方便，只要認得這個入口的建築特色就好了，因緣法本來就是多變化的，主要是展現佛法的精神與義理。

傳統走向現代的典範，重建竹溪禪寺

竹溪禪寺是臺灣數一數二的古寺，位於臺南市區，為臺灣府城七寺八廟之一，名列臺南四大古剎。該寺屬於禪門臨濟宗，大殿前有一名匾「了然世界」。

從二〇〇五到二〇〇八年，我在竹溪禪寺講授《藥師經》、《金剛經》、《成佛之道》，都是以閩南語講完整部，在臺灣南部，大家就慣用閩南語，遇到的麻煩是有些地方國語直接翻，則不夠貼切，但我的閩南語又不夠道地，還好有課本與講義可做為參考。

住持資定法師很有魄力，雖然沒有高學歷，卻是很特別的比丘尼，深具草根性。她說當上住持之後，披荊斬棘、過關斬將完成了很多事。自從二〇〇五年到大陸承德參加過弘誓學院舉行的印順導師演討會之後，她說找到了未來的方向。

有人跟她說，佛教弘誓學院正在辦學，法師決定要去讀書，前後整整兩年。她在寺院重建時，就已經規劃了教學的區域。她也希望能夠敦請優秀的師資，因為南部弘法人才較少，竹溪禪寺地方大，財力充足，寺內人事已經單純許多，是一個可以有所作為的老寺。

資定法師重建竹溪禪寺的構想是拆除重建，我知道她需要建築的專業人才，可是要解決竹溪禪寺的建築問題，就得下相當大的功夫。我建議資定法師請當時成功大學建築研究所的傅朝卿所長來指導，希望能夠客觀的評估這件事，而非只是單方面的想法。

在傅教授團隊提出的研究調查報告中，發現竹溪禪寺中真正古蹟部分並沒有保留住，最珍貴的僅餘一座古塔，但也不過是從一九八三年到現在，歷史年代並不長。現存建築物相當繁複，裡面的空間難以使用，如瑣碎的空間多、柱子多等。寺眾本身也生活其中幾十年，都把東西往外擴佔，廊道上幾乎沒有活動空間。

資定法師認為整體重建才能重新排列組合；要建設得既現代又簡樸，同時又保留了古老的元素。雖然它不是真正三百多年前的東西，但是值得去尋找其中的精神以及元素，況且有成大建築研究所這層關係能夠協助。這是一個很難得的因緣，也是從傳統走向現代的典範。總之，要有新的概念，但必須找到古老的元素。例如家父的雕塑作品非常現代化，但是元素相當古老。就像書法、山水都是古老的元素，但是可以變成現代的作品。

後來我未參與竹溪書院的建築，一則時間不充裕，二來有傅教授把關指導就已足夠。二〇一〇年竹溪會館先落成，安頓好竹溪禪寺的老住眾，也提供了竹溪寺重建時的法會與課程活動空間，接著就大展身手重建竹溪書院。

二〇一七年底竹溪書院落成後，做為傅教授等文化界人士經常講課之處，他留學英國，上課非常精彩，見地卓著，條理清晰，誠品、官邸的藝文課程也經常邀請他主講。

資定法師法師也邀我前去講課，我於二〇一八年講《妙法蓮華經》暨經變圖，很多人都在讀誦《妙法蓮華經》，但是對整部經典的貫串、究竟意義並不十分清楚，我用密集的方式來講。二〇一九年則再度開講《八識規矩頌》三日尋燈課程，二〇二〇年因疫情而暫告休息。

大師的建築理念，帶來新領悟

我們選擇至日本考察，主要是離臺灣近，而且文化背景有其相近之處外，更因為是日本在佛教建築方面很早就起了變化。尤其像安藤忠雄等建築大師的氣魄，值得親炙。

安藤忠雄善用抽象意象

在安藤大師的設計中，不只佛教建築有其意境，教堂也令我印象深刻。他善用水跟光，如水之教堂、光之教堂。光之教堂整面牆壁由四大塊清水模板構成，四塊之間留有縫隙，縫隙就形成空的十字架，光線從牆的縫隙灑入，十字架的光線投射位置隨著時間一直在變化。而水之教堂從水面上看出去，整片是水，十字架是在水中呈現，借景過來就是它的教堂端景。

這些都是新的想法跟做法，建築本身是很實際的東西。我覺得日本人在這方面真的是很用心，這些大師級出類拔萃的思路讓人讚歎不已。安藤忠雄的「夢舞台」，名字聽起來就覺得特殊，一到現場，立即感嘆：「應該早一點來！」

夢舞台，真的像夢一般，安藤善用水影與水的動態，將庭園跟建築物結合得非常巧妙。水是自由流動的，從很遠、很高的地方流過來，到處有水。水的處理手法很特別，搭配清水模板、石頭，產生俐落的感覺，衝擊我們原有的想像。美好的空間值得好好的去觀賞，建築空間的感覺，必須身在其中才能夠體會到。

走進安藤大師設計的水御堂，對我產生很大的震撼，原來佛寺竟然可用這樣的方式設計。從荷花池的屋頂走下去，從側面看到好像走下荷花池，慢慢地走到下面的宗教空間，空間規模不大，只是一個很小的寺院，但是很有創意，如此的手法值得借鏡。我們參觀時，正好有人在做告別式。日本的寺院與佛法信仰比較不會緊密結合，反而是處理常民日常如婚喪喜慶為多。

貝聿銘巧妙結合東方與西方

貝聿銘在日本也有建築作品，位在京都北方的宗教美術館「美秀美術館」別具特色，基本構想源自〈桃花源記〉，建在山中，入口有一個接待所，先穿過隧道，再經過一座橋，呈現柳暗花明又一村的意境。步行進入並不算很遠，但不想走路的人，也有專車載送。

貝聿銘是蘇州人，他在故鄉設計一座博物館，說是他的「小女兒」，也是他的封刀之作。我大學五年級畢業前，做過蘇州庭園的研究，那時候中國大陸剛剛開放，漸漸有學者前往。蘇州博物館是中國式的建築物，但已經改用現代鋼骨跟玻璃的建材，只是多數意象上，還是保留了木構造的感受。因為在現今時代，工法、技術、建材其實都不同，連屋頂都以鋼構加玻璃是完全採光，如果以中國式的斜屋頂，內部不夠亮，比較闇暗。但是用現在的手法一改，可以引進陽光產生溫暖的感覺，透過設計的技巧轉換，就把缺點變優點了。設計上也將使用的現代建材特性發揮得更好，不但通風、採光且輕巧，斜屋頂的樣式，依然將建物托得高聳，空間變得很自由。

大師設計的蘇州博物館跟他在日本的美秀美術館，兩者在屋頂的處理手法很接近，保有東方元素，又不同於西方。在手法上也是善用現代科技和建材，像利用鋼骨的結構達到長跨距，所以整個空間可以很自由。使用玻璃讓空間非常明亮等，這都是現代建築的一些特色。以蘇州博物館來講，它必須要有庭園之美，在空間的轉折上，除了原有的院落形式，並且借景顯示曲折迂迴的江南建築特色。

中國庭園是模仿大自然的手法，把山水引入，從屋內透過門窗往外看，每一個框都像是一幅畫。西式構圖則是幾何的形態，像皇家衛兵整整齊齊排排站。現代人因為生活複雜，所以就會喜歡簡單。但過去生活步調很慢，走的空間也有限，卻可以慢慢地享受悠閒，就需要有很多精緻的空間變化。

過去與現在，在生活步調上已經是很大的差距。現代建築風格裡頭，愈簡單大家愈喜歡。其實簡單的建築，反而不好設計，去繁就簡的功夫，不容易學成。前提是先有空間的趣味，其他東西就可以省掉，也不需要用多餘的裝飾去掩蓋，吸引注意力。因為好的設計，即使只用一道牆隔開或轉一個視角，空間的感覺，當下就不同。

佛教建築的省思

九二一大地震之後，我們在二〇〇〇年與中華佛寺協會、成大建築研究所，合辦一次專門針對「九二一震災地區佛寺建築災害調查的重建計劃」。其實九二一大地震對佛寺的損傷很大，尤其在中部一帶寺院受創慘重，主因是頭重腳輕，這是結構系統一個很大的問題，加上重簷的負荷，柱子相對就不耐承受，所以整個坍落下來。那次的研討會在苗栗縣的福智寺舉辦，探討寺院建築在結構上應該要避免的狀況。

佛教建築的確值得大家省思，我常覺得佛寺建築本身應該非常簡單，就像我們出家人樸素的穿著，不加任何裝飾品。佛教建築本身應該反映出家人質樸的生活習性。南傳佛教真的很質樸，沒有什麼特別的樣式，而北傳佛教一直受中國建築的影響，經常忘記佛教的發源地在印度，在印度寺院當然不是中國木構造的形式。

佛教建築的新氣象

臺灣許多建築師也到海外發展，世界各地佛教建築正在改變中，這方面也需要臺灣建築師加入力量。

兼顧業主需求與堅持設計理念

奧克蘭、紐西蘭北島、南島寺院的現代化，是臺灣的設計團隊「半畝塘」完成的，由江文淵建築師領隊，他是位願意「好好做設計」的建築師，他說：「我們在大學時代學的設計，跟我們畢業之後做的設計有很大的落差。」因為一旦投入業界之後，就要講求速度，盡快完工，不像在大學的訓練階段，要經過種種的分析，透過很多的思考，研究模型一改再改。這在業界其實都不大可能，但是他堅持保持這種特色，所以他說剛開始幾年，事務所簡直沒辦法維持，只好去幫其他建築師代工，才能平衡自己事務所的開銷。

真正好的建築師不是表現自己建築設計能力有多強，而是願意配合業主的需要及大環境的變化。但建築師幾乎都是表達自我的，反而是業主要去適應他，多數建築師都會覺得自己專業，業主不夠內行，變成要說服業主來適應建築師的構想，其實落於這兩邊都不佳，最好的是兩者的平衡，也就是不落二邊。江建築師是這一行中的翹楚，兼顧業主的需求與自己堅持的品味。

寺院建築的現代化案例

◆雲林劍湖山慈光寺

慈光寺住持圓教法師非常能幹，她是女中豪傑。慈光寺原來的舊建築因為地震倒塌，後來整體重建，找到翁國超建築師悉心設計。從新建物的外貌就可看出他們是有理想的，相當講究卻很樸素，這種風格比較適合於佛教的訴求。慈光寺可說是傳統到現代的過渡，逐漸逐漸地更現代。

◆鳳山市紫竹林精舍

如果找到好的建築師，佛教建築就有可能呈現得更好，鳳山市的紫竹林精舍就是很了不起的佛教建築案例。以非建築的專業，但能將法義放到建築，表達《妙法蓮華經》的精神，真是一流的結合。紫竹林的大殿雖然還不是很現代化，不過我覺得整個理念相當不錯，分類得很好，佛、法、僧三寶，旁邊有往上登高的道路，用成佛之道把三者串連起來，住眾的寮房放在後面；另一方面，戶內戶外的空間，還有很多過渡的空間，內外分明，內修時可以到後面去，外弘時就走到前面，這種動靜之間，分野清楚。特別的是把法華意象上的譬喻都融在空間裡，是佛教建築的佳作。

◆臺中養慧學院香光寺

香光寺在臺中的養慧學院是姚仁喜建築師所設計，已經完全脫離了寺廟的式樣，但依然保有佛教的語彙，在轉換上卻超越了傳統的限制，也是好案例。

我發現香光寺的師父們很厲害，他們從不懂建築被訓練到懂建築；不懂美編技術，訓練到嫻熟美編。這一點我實在很佩服住持悟因法師，訓練出常住需要的各項專長。

現在臺灣的幾個佛寺建築案例均在傳統邁向現代的過渡時期，之後其實應該還可以再現代一點。例如香光寺請了三門建築師事務所設計鳳山寺，加上寺眾參與度很高，雖然沒完全到位，反而展現創意。他們很會思考、更會尋找優秀的建築師協助，這是重要的基礎。

對寺廟有研究的建築師不多，不過目前慢慢出現幾個優秀的建築師，姚仁喜就是其中一位。姚仁喜建築師在佛教建築裡，算是頗有創意的建築師，他已著手進行好幾個案例，有與僧團互動的經驗，如農禪寺也是一個非常優異的案例。他哥哥是姚仁祿，我與他弟弟姚仁恭是大學同學，後來他到美國學燈光，也是燈光專家。

省思

如果將出家人放在他原來的專長上，讓他繼續發揮所長，可能有所成就。但如果像建築方面找不到適合的人，只好尋找某個寺眾來擔任時，也可能會發揮潛能。出家人持續力比較強，因為沒有經濟負擔和家庭的困擾，如果願意被磨練，其實出家人有機會磨出另一項專長。反之，林保堯教授等佛教藝術的學者，留學歸國在研究所辛苦訓練、培養出來的學生，能堅守在佛教藝術領域內的比例並不高，多數人畢業就面臨就業的問題，很多人得要轉行，非常可惜。

所以我覺得若能從出家人培養佛教藝術的人才，起碼畢業以後比較沒有就業或轉業的問題，但也是很困難。比方我在準備玄奘大學開設的佛教藝術、佛教文化課程，那些對我來講，都要重新準備，例如要掃描大量的圖，要花大量時間人力等，唯有常住的師父能夠不分晝夜地做這件事，這在一般職場的單位，除非經濟充裕，能以加班費解決，否則難以如此要求。

古蹟再生、綠建築

我讀大學的一九七〇年代，沒有「古蹟再生」、「綠建築」兩種課程，這是後來我讀研究所時才有的課程。古蹟再生是一股很大的力量，古蹟再利用跟綠建築結合，那是最好的！

我曾經與永修精舍的居士們到臺南竹溪禪寺參訪，再到臺南周邊風景區，發現安平「樹屋」就是古蹟再利用的好案例。樹屋原本是英商德記洋行的倉庫，日本治臺時期改為「大日本鹽業株式會社安平出張所」的倉庫，目前的規模大多由日治時期而來，戰後則改為臺鹽倉庫，它曾荒廢半個世紀，期間榕樹便寄生於老屋，快速生長，形成「樹以牆為幹，屋以葉為瓦」，榕樹與屋群密不可分，樹中有屋，屋中有樹，有人形容是臺版的吳哥窟塔普倫寺。

參觀古蹟感受不到直接的關係，當古蹟可以再生的時候，力量就出現了。樹屋增加鋼構樓梯，遊客可以爬到二樓，俯視古老的空房間，白色的牆面，盤根錯節的榕樹空間，非常有意境，也是一個很好的展場，如果有服裝表演更好，我覺得這是臺灣古蹟再生做得非常好的一個地方。

淨業院古蹟再造傳承

淨業院為傳統四合院的木構瓦房，主體建築為前殿、大殿以及左右的護龍廂房所圍成的四合院體，院落四周留下空地，並栽植許多花木，形成一個雅緻的庭園空間。前殿內安置了兩座蓮位，廊廳寬敞。

大殿中供奉著西方三聖、送子觀音、地藏菩薩等七尊像等，成為宗教活動的主要場所。兩殿之間左右都有廊道連接，單面有石牆封閉，隔開了廂房與天井，使住眾生活與大殿活動分開。院內中央的天井寬敞，光線充足而明亮。兩邊的護龍廂房是住眾的起居空間，北面廂房最近大殿處是住持的寮房，為院中位階最高身分者所居住，代表傳統住宅中，輩分越高者越近大殿的規矩。兩側廂房前各有長形的天井，作為採光及生活上的方便，使整體空間兼顧了公眾修行與幽雅居住的功能。我們曾於二〇〇八～二〇一二年農曆過年時，舉辦「百年古寺展風華」的活動。

以建築手法改造永修精舍

話說勝光法師在一九七六年回到淨業院，於旁邊購地建設永修精舍，方便就近照顧淨業院，並三度整修維護淨業院。法師建設永修精舍，翌年建築慈心幼稚園，一九七八年開始招生。

在那個年代，勝光法師的經濟能力有限，短短兩年完成建築實屬不易，所以建築物本身只是一般二層樓民厝的蓋法。以使用功能為考慮，但是空間的配置方面並不是很理想，當人數不多還可以使用，但是人數逐漸增加後，則感到難以使用。二〇〇七年我移住永修精舍，面對淨業院古樸優雅四合院空間，卻不容易適合現代化的寺務運作，何況還有其他客觀因緣，淨業院依然保持現狀。只能從改善永修精舍現有的建築空間下手。

首先拆除大殿佛龕的玻璃罩與光明燈，還給佛像一個自在的空間，並於兩邊豎起牆壁裝置光明燈，不僅數量增加而且不刺眼。再在大殿外的水泥空地鋪設南洋杉地板，再放置玻璃桌及休閒椅，顯得悠閒自在。二〇〇八年，文書室就把與原來的客廳之間的走道包容進來，成為一個完整的空間，變成接待的櫃檯及大客廳，辦公機能也方便許多。

二〇〇八年改造地藏亭前的庭園，除去原來的木麻黃，改種茄冬樹及羅漢松等，並加蓋了吳文成居士提供的原尺寸之仿敦煌石窟。石窟的佛龕放置諸佛菩薩及弟子與天人等立體原雕像，東西兩側的牆壁是東、西方淨土經變圖，出口處的兩邊牆面是維摩詰經變圖。覆斗式天花藻井是敦煌最美的飛天圖像，覆斗的斜面則畫滿了千佛，地面則是蓮花磚圖樣，整個石窟呈現盛唐佛教的氣勢，令人感動，多年來不知有多少人，相當驚艷而流連忘返於其中。年底圍牆經過牆面的設計，雖然是平常的空心磚材料，卻是很有設計感，也改善了入口大門的交通動線。二〇〇九年於大樹下增加家父的〈善財禮觀音〉大型銅鑄作品、〈龍賦〉不銹鋼作品、〈聞思修〉大件銅鑄浮雕，以及早期印心法師法濟寺大殿的〈釋迦牟尼佛〉銅像，整個庭園中充滿藝術氣息。

原本幼稚園三樓屋頂是搭鐵架的曬衣與儲藏空間，二〇〇八年我們將鐵架升高，加上外牆與隔間，修改為七間僧寮與客廳、公共浴廁及洗衣、曬衣空間，最後都以木料作裝潢，就像小木屋一般，生活機能與品質都算是相當舒適。二〇一〇年修改二樓原本不大好用的空間，將原來六間寮房修改成為十間寮房與客廳，並且以洗衣場貫通往二樓法師寮的廊道，所以總共完成十六間寮房與一間倉庫。

原本的大寮就在大殿旁，大寮的吵雜聲音與烹飪的味道，很容易干擾大殿法會與佛學課程的進行，通往廁所的走道緊鄰洗菜的水槽，地面總是濕漉漉，容易滑倒，非常危險。二〇一二年將大寮搬到後面空地重新搭建，冷凍櫃就在旁邊，使用比較方便，並且與齋堂緊密連結。一年後齋堂也完成，自此終於有一個通風採光俱佳的室內齋堂，面對著後花園，非常賞心悅目，在此之前都幾乎在大殿前廣場用齋。

幼稚園轉型為覺風書院

二〇一五年慈心幼稚園停辦，翌年開始室內拆除工程，整建工程如火如荼地進行，正好順便整修了戶外大空間與庭院，室內則整修出大講堂和三間地板小教室兼通鋪寮房。講堂外的庭園空間也重新做了大幅整理，緊鄰講堂並搭建屋頂，增設半戶外的休憩空間。

書院外圍牆壁，由學員宏真畫家設計畫稿，二〇一六年底由僧俗二眾約二十位共同彩繪完成。二〇一七年二月宏真再度為書院二樓高的正面大牆設計，主題是「佛陀八相成道」，另一小牆面則為「八大聖地」，大寮及後院的外部牆面，乃是《維摩詰所說經》的香積品，畫出大寮香積菩薩的天廚妙供，總寬度大約四十多公尺長，成為覺風書院的現代壁畫特色。

經過這樣的整修，永修精舍成為更有機能的寺院，而不必再花大經費建設新空間，彷彿將一件舊衣改得更合身、更加耐穿，更合乎環保精神。

後記

因緣不可思議，成就覺風現代佛教藝術重鎮

出家後，我還算有福報！購入了兩塊上億的土地，展開了不可思議的因緣。

二〇〇二年在法源講寺時期，為常住而購買在大殿下面兩甲大、售價約一億元的土地，並在那裡蓋了講堂和寮房。

二〇〇七年我離開法源講寺，來到永修精舍。佛菩薩對我還是很好，二〇一〇年竟然在北投貴子坑溪旁，有一億的十甲土地悄悄地等著。兩個地方，都是上億的土地，真是不可思議！

兩億人生，屬於眾生；兩億人生，供養三寶。

十甲土地的從無到有

我們是在二〇一〇年買下北投這塊土地，購地歷程極為崎嶇。奇異是臺灣的外商資產管理公司，主要業務是購買不良債權。有位信眾的先生是當時這家債權公司臺灣地區的總經理，在他經手的案件中，有一塊位於北投十甲大的土地，特地請他太太問我們想不想要這塊土地？第一次來看地時，我就說：「這地方不錯！」我考量的原因有二，一是交通方便，下方就有公車了，可以直接走上來；二是地形面向很寬，乍看像荒山一片，但是內部可以規劃整理。

法拍土地比較便宜，又因土地周邊有四千多座墳墓，之前已過三拍都沒有人去買，那時是一億元買十甲地，我算算一坪大概是三千多元，在臺北市這樣的價格算起來真是很便宜，想著我們只需要用一甲地，算是買一甲送九甲而開心。但錢從那裡來，來到永修精舍才兩年，一切都從頭開始，哪有那麼多錢購地？

感念「神燈」護法解決資金

常觀居士是我二〇〇七年去美國象岡道場弘法時認識的，她先生張洹是知名藝術家，住在美國已經八年，正準備回上海定居。當時我在象岡道場講《八識規矩頌》，課後，常觀居士對我說：「師父，您有什麼需要，告訴我！」

那時正是我生命中最艱難、最痛苦的時候，只有在上課弘法時，心裡想著佛法才會暫時忘了難過，一下了課，離開法源講寺的糾結仍然揮之不去。一聽到她所說的話，眼前好像出現一盞阿拉丁神燈，擦一擦就有神仙問我有什麼願望，可以幫我實現。當時雖然也不知道她能為我們做什麼？感覺她是非常隨和的人，就在那趟美國弘法中，跟常觀結了很深的善緣。

二〇〇八年他們搬回上海，離臺灣比較近，她很有誠意，當年七月就來臺灣到永修精舍找我，當時的精舍仍是舊房子還沒整理，我們把設備最好的客房給她住。結果她說那天整晚睡不好、一直掉眼淚，心疼師父為什麼住在這樣簡陋的地方。

二〇一〇年我們看上北投土地，告訴常觀居士這件事，正好那時張洹來臺灣舉辦展覽。我們參觀展覽後，他們全家來北投看土地，我告訴他們這裡需要一億，當時她沒講什麼，回去沒多久，她傳來訊息：「師父，我來付兩百萬美金。」聽到她的話，我嚇了一跳！

其實，那時候她們並不寬裕，因為全家剛搬回上海，還買了房子，而之前二〇〇八年國際金融海嘯影響了她先生作品的收入，他們還有個基金會長期在偏遠地方蓋「希望學校」，在在都需要用錢。在經濟不是那麼充裕之下，他們仍願意出資協助我們購買北投土地，實在令我感動萬分。

無奈繳交增值稅與違建雙危機

有了常觀的大力揖注，加上常住、俗家及居士們的協助，七拼八湊，終於在四拍時，我們買下北投這塊十甲土地。只是誰也沒想到，一年後突然收到稅捐處的公文，要我們繳納一大筆的增值稅！問題就出在後山的九甲土地上。

驚惶之際，我到處尋求解套方法，後來才慢慢地了解事情有點複雜。當初管理公司告訴我們，後山的九甲土地全部都是原始林地，地形陡峭，已經幫忙申請到農業證明，所以不需繳納增值稅。之後才被發現後山土地上有一間房子，住有兩兄弟，有門牌、有電表，所以稅捐處認定是住家不是農用，不符合農地農用。

原來，屋主的祖父日據時代就在此定居，有自己的土地所有權狀，地號緊臨著我們的土地，山勢陡峭加上年代已久，又經歷一九七七年薇拉颱風的土石流，種種因緣下，他們就把房子蓋在我們的土地上。最初，我們不清楚土地買賣手續的狀況，當預算之外的土地增值稅落到我們頭上，國稅局緊催著我們繳稅。沒辦法解決，只好打官司，若是官司打贏就能省下這筆錢，若不打官司等於直接放棄，打官司雖花很大的力氣，但可拖延時間，有助於湊足款項，雖然最終還是繳交了大筆的稅金。

除了土地增值稅外，舊房子的整修也衍生出很多複雜難解的問題，也一直困擾著我們，還好孫偉德建築師出現，代勞許多事務，讓我們可以退居第二線。我常常跟菩薩說：「我們這麼打拚弘揚佛法，您們要讓我們過得了關啊！我們盡人力去辦，佛菩薩也得要保佑我們，讓我們能夠順利渡過種種考驗！」

孫建築師的協助讓土地解套

孫建築師是由陳吉雄居士介紹給我們認識的，建築師的媽媽早年在婦女會協助「中國佛教會」辦理很多活動，熟悉教內生態，雖然已經九十多歲，仍然很有活力，她常對我說：「我如果年輕十幾歲，就來幫你做事。」尊翁孫劍峰老居士已是百歲人瑞，依然耳聰目明，註解三十多本佛教的大經大論，並自己打字排版。

孫氏老夫妻倆的個性差很多，爸爸好靜不愛出門，媽媽很活躍，看到園區地藏菩薩立像就說要找團體來參觀。孫建築師曾任教於文化大學建築系，是位資深建築師，前來協助覺風土地規劃與建築。他全心全意投入，不只是建築的事，其他大小瑣碎之處都會替我們設想周全，慢慢幫我們解開土地與建築的結。加上當地的里長及民代協助，讓覺風園區連外橋樑有了進展，六公尺寬的般若橋，不但提供將來建築的需要，更是接引芸芸眾生入佛門的通道。

邀請安藤忠雄設計園區

二〇一〇年邱柏庭居士介紹我們認識CC郭，透過郭先生的引介，於二〇一一年初，趁安藤忠雄大師參加臺中亞洲大學美術館動工典禮之便，我們在桃園國際機場租用會議室，與大師簽下了設計合約。

二〇一六年六月底，我藉著到上海弘法的因緣再度拜訪郭先生，希望能與安藤大師續談合約。時隔五年，這期間因覺風學院的土地與舊舍問題，沒有餘力處理其他事項，久久沒有聯繫。雖然如此，這塊土地最大的改變，就是隔壁的四千多個墳墓，已經搬遷完畢，郭先生本以為此案已經「胎死腹中」，沒想到「敗部復活」，內心雖非常高興，但也擔心安藤大師年紀老邁、身體不佳。於是郭先生積極安排我們赴日，再度與安藤大師重新確認設計合約。

九月時，郭先生帶著我、法玄法師與孫建築師到日本安藤大師事務所，重新續二〇一一年的設計合約。當時正逢中秋節並遇上颱風，南部機場關閉，北部機場尚可衝破風雨交加的亂流，我們一行人安全飛抵大阪。郭先生、淑華與其父親早在大阪等我們，由吳光亮先生負責開車接送。

安藤大師以不淘汰此案，又不調整設計費用作為中秋禮物，雙方很喜悅地再度簽下合約，我也提出以印度最早期的石窟支提堂，作為我們佛殿的基本構想。

二〇一七年五月底我赴日再度與安藤大師討論設計，但五月中郭先生生因病無法前去，由常觀居士陪伴同行。沒想到六月中旬就獲知郭先生病逝，真是無常！想到郭先生活力充沛、熱情洋溢的身影，協助完成覺風園區的建設是他最大的心願，然而生命苦短、世間無常，不就是如此示現？

外牆使用北投白磚銘刻奉獻

二〇一七年初，安藤事務所此案執行設計師三浦先生到覺風園區實地考察，後來安藤大師的設計草案中，初次提到使用北投本地的白磚，可以成為我們一大特色。同年十一月我們三度到安藤事務所，正逢大師的建築展在東京現代美術館盛大舉行，也藉此因緣，我與法玄法師和孫建築師伉儷及紀錄片符導演，順便走了一趟東京參觀大師的作品展。

二〇一八年四月中旬，我們又第四度到安藤大師事務所，並邀請了留學日本的林鎮鯤建築師陪同，擔任和安藤大師溝通的角色。當時大師很關懷地詢問我到底有多少信眾？他可能擔心我們是否有財力完成園區的建設？其實大師早就為我們的募款在鋪路了，這回也討論到了建材的鋪設，大師首次不堅持清水模板的建築方式，而願意以北投特產白磚砌為外牆，搭配清水模施作。

有一天清早，我和法玄法師於覺風學院中散步，看到我們學院的白牆在陽光中靄靄反射光明。我突然明白了安藤大師的用意，以白磚作為我們北投的特色，也成為募款的基礎，亦是菩薩們眾志成城的具體展現。

歷代雕塑進入園區展現「心像」

蔡建郎捐贈珍藏佛像盼推廣

二〇一三年初，北投貴子坑「覺風佛教藝術學院」陳列八尊法相莊嚴的佛像、菩薩像。此緣起於蔡建郎董事長二十多年前，即有感於佛教文物的流失與毀壞，遂發心保存佛教文物。二〇一一年因緣成熟時，蔡董事長在南投市南崗工業區創辦「中國佛像博物館」。並由林保堯教授帶領學生怡安幫忙整理分類紀錄，同時我也希望怡安能在覺風工作，因此用互惠的方式合作：我們支付怡安全職薪水，部分時間到南投整理佛像資料，而蔡董事長則將八尊佛像放在覺風作為回饋。

蔡董事長的另一份心意，是希望我們在推廣佛教藝術課程時，學員們可以有佛教藝術史上的典型作品作為觀察對象，所以挑選的作品中包含北齊式青州佛立像、北周式青州佛立像、菩薩臥像、持蓮花菩薩立像、三尊佛立像、菩薩立像等等。蔡先生的發心，讓這些石造雕像從「南投」到「北投」，乃是佛教藝術交流中的一段佳話。到覺風學院上課、作法會、參觀的居士，往往會在雕像前低頭合掌，或是細細研究一番。我散步園區時，這些寶相莊嚴的佛菩薩，彷彿與我凝視交會，是諦觀，是心領神會，也是鼓舞的力量。可惜的是，蔡董事長於二〇一七年六月往生，未能看到覺風園區落成。

大師作品進入覺風「雕塑公園」

二〇一七年底，家父的作品〈梅花鹿〉及家兄楊奉琛的作品〈混沌初開〉進入覺風園區，加上詹文魁的作品〈弘法地藏〉、家父的〈阿彌陀佛〉以及園區戶外及走廊原有的九尊歷代佛造像，另有大殿的三尊佛像及二〇二〇年四月〈善財禮觀音〉的安座，雕塑公園的雛形已漸具呈現。以下簡單介紹這幾尊雕塑的內涵以及淵源。

◆弘法地藏

二〇一七年十月十五日，覺風學院為〈弘法地藏〉舉行安座大典。這尊命名為〈弘法地藏〉就跟我們的弘法完全結合在一起，因為地藏菩薩是現出家相來入娑婆，就是希望轉世間穢土成淨土，以佛法救度眾生是最根本之道。要救地獄眾生之前，先不要讓眾生墮入地獄，也就是「預防勝於治療」，所以就必須以弘法的方式教化眾生。

本尊地藏菩薩由藝術家詹文魁創作，高六．八公尺的弘法地藏王菩薩像，矗立在覺風般若橋大門口前方，莊嚴慈悲地迎接所有來訪的人們，許多登山客路經此地，往往都會在門外雙手合十禮拜菩薩，使人見聞熏習佛法，達到身心清淨。有人走進庭院，甚至到佛堂前走走。地藏菩薩真能度眾，在這苦海無邊的世間，為此荒山野地注入光明與溫暖，立清淨法幢，提供了一方清淨心靈的休憩空間，歡迎大家隨時都可以踏進覺風，踏進佛門來！

◆梅花鹿

〈梅花鹿〉創作於一九六二年，為臺中教師會館的入門意象。此時正值家父辭去穩定收入的《豐年》雜誌美術編輯一職，開始走上純粹藝術家的道路，因而在創作上也出現更多的突破。

〈梅花鹿〉運用平面的書法線條，組構鹿形，創造出既虛幻穿透又實在立體的空間雕塑，觀者於每一道線條的彎曲、粗細，皆可感受蘊含其中的書法韻味，書法的文人氣質，恰與鹿在東方所代表的溫柔淳美互為呼應。梅花鹿是臺灣的特有種，對臺灣人具有象徵性的意義，而《詩經》的「呦呦鹿鳴」自古以來引申有呼朋引伴、共同分享的意思，這「好東西要與好朋友分享」的精神，正是大乘「菩薩道」利他主義的代表。

◆混沌初開

〈混沌初開〉創作於二〇一〇年，是家兄楊奉琛為海南航空的新海航大廈而作。作品以一劈開的圓球，內含另一完整的小圓球，形成立體的太極圖外觀，立於七十公分高的基座上。這件作品和家父的〈梅花鹿〉剛好是兩代手法，一為傳統線條，一為現代科技，二者前後對照，隔空呼應。由造形語彙來看，〇與一是構成現代數位世界的根本，太極是宇宙原始秩序的狀態，「混沌初開」表現了大地生成、新世界開啟的抽象意念，具有驚天闢地、長養萬物的力量。如同佛法的大智慧一開，便由無明轉識成智，成就圓滿。

◆善財禮觀音

〈善財禮觀音〉是一件寫實、唯美，集唐宋觀音像精華最成功的一件銅鑄作品，原作八五×五一×三二公分，這是家父於一九八九年創作的。二〇二〇年安座在覺風園區，此尊菩薩像是放大為五百四十公分高，加上六十公分的基座成為六公尺高的銅鑄作品。像中有唐代天龍山菩薩像的高髮髻和瓔珞式樣，有北魏的桃核形頭光，有盛唐的身軀和四肢，有宋代的半跏坐式和持瓶持花手印，有明清的騎龍龜與童子像。家父捕捉了歷代不同特色，將之融和，而岩石和雲霧水氣的處理，更烘托出觀音的如幻似真與慈悲智慧，這是一尊將宗教的莊嚴性和藝術的唯美性表現得十分完美的菩薩像。

二〇二〇年四月在疫情肆虐之期，大型〈善財禮觀音〉安置於覺風園區，為我們帶來正面的能量，穩定人心。除了藝術欣賞、啟發美感外，我也希望眾生熏習觀音無遠弗屆的慈悲，學習善財童子的參訪善知識，實踐利他的菩薩道。

從古老元素到現代科技

印度佛教石窟為設計藍圖

對於未來覺風園區大殿的規劃，我將以印度石窟的古典藝術作為基底。印度是佛教的發源地，但佛陀時代的建築，畢竟已經離我們有二千五百多年之遠，現在已經找不到實體，而史上最早的佛堂，就是保留在石窟裡面。

我走過七趟印度佛教石窟與朝聖之旅，對於印度石窟念念不忘。印度的佛堂立面是馬蹄形，平面也像馬蹄形，極為特別。相較下，漢傳佛教建築則受到木構造建築的影響，所以中國佛寺是寬而淺的空間。印度石窟有兩種形態，一是佛堂，就是支提堂；一是僧院窟，是僧人居住的地方。支提堂是窄而高的空間，圓拱形式，焦點是舍利塔，早期是沒有佛像的。

覺風園區的佛堂設計理念，受到印順長老《印度佛教思想史》的影響：「朝著印度佛教建築的源頭，從源頭找到發展的脈絡。」一如從《阿含經》到《阿毘達磨》，這是原始佛教，但又是大乘佛法的法源基礎。所以才會想到把佛教建築的源頭，展現在覺風園區。因此將來大殿的規劃不一定有佛像，焦點會是佛塔，用古老的元素結合現代科技，構想平常是佛塔，有法會的時候，透過投影，可以映上各種佛像。安藤大師表示，盡量把各種構想提出來，甚至是虛擬的影像，看得見而無實體，都是可能呈現的建築方式。

佛寺、墳區互助互惠

現在跟覺風佛教園區比鄰而居的三層崎公園，原本是一片公墓，在二〇一四至二〇一五年間才開始遷移成為台北市的第二十二號公園，也就是三層崎公園。有些人會忌諱墳地，但我卻真心感謝這四千多個墳墓，也因為有這片墓地在旁，所以土地不容易拍賣出去，一般建設公司也不會將豪宅蓋在這樣的區域附近。因而當初看到這一片墳墓，我就知道我們有機會取得土地。再者，佛教本就是教人面對生死的問題，不會排斥墳墓，反而會善用墳墓修行無常觀，且無形的眾生也可以受到度化，因此對我們而言，有墳墓是件好事。

不過一開始整理的確是陰森森，只要狗群發出「吹狗螺」，縱使是白天，工人還是會覺得毛骨悚然。這地方荒廢了幾十年，荒煙蔓草，垃圾髒亂成堆，有的墳墓已是上百年的歷史，破舊不堪，這裡的居民也都只敢走對面的路，從來不敢走覺風這邊的路。對於墳區，我們一直抱持非常感恩的心：「因為曾經有你們在此，覺風才可能來到這裡！」

弘法課程從經典至藝術

回想三十多年來的弘法內容，我幾乎都以印順導師的思想與著作為主，覺風學院或書院所開設其他講師的課程，也都以補充根本佛教的法義與禪修為主。覺風佛教藝術教育園區成立的宗旨是學習與落實——印順導師人間佛教思想為諸實相法，佛教藝術為權巧方便法，開權顯實，行布於世世常行菩薩道的大悲願。

關於課程的導向，我計畫從不同的層次著手，簡略介紹如下：

◆ **立本根本佛教的淳樸：學習原始與部派佛教經典與論典及禪修。**

我及法玄、文修法師，還邀請開印、法曜法師等開設了開設《中阿含經》、《俱舍論》、《佛法概論》、《攝阿毘達磨義論》《入阿毘達磨論》等課程，並邀請緬甸柏林、迦帝臘禪師，性空、開印、開照、法曜、傳仁禪師等指導四梵住、四念住、慈心禪等禪修。

◆ **宏傳中期佛教的行解：學習性空系龍樹學經典與論典。**

開設《大智度論》、《中觀論頌》、《中觀論選頌》、《中觀今論》、《金剛般若波羅蜜經》、《般若波羅蜜多心經》、《大寶積經・普明菩薩會》等課程。

◆ **攝取後期佛教的確當：學習唯識系與真常系之經典與論典。**

開設唯識系《唯識三十頌》、《大乘廣五蘊論》、《百法明門論》、《攝大乘論》、《八識規矩頌》等。真常系有：《佛說阿彌陀經》、《藥師經》、《妙法蓮華經》、《地藏經》、《觀無量壽經》等課程。

◆ **整體性的學佛次第。**

開設《學佛三要》、《成佛之道》、《印度佛教思想史》等課程。

◆ **以佛教藝術文化生活、生態與生命的三生美學，慈悲方便善巧接引廣大眾生。**

開設「印度佛教美術史」、「中國佛教美術史」、「四大名山」、「絲路石窟專題」、「日本與韓國」、「吳哥窟與斯里蘭卡」等課程與朝聖。

此外，二〇一八年起以志工團與勸募委員會、護法委員會與榮譽董事會一團三會的參與，落實於廣結善緣，福慧雙修。二〇二〇年起更以護法總會為首，並設榮董會、志工團、覺行會、覺安會、賢達營、勸募會、高球隊、工程組、資訊組、總務組、教務組等組織，共同推動法務。

園區以人間佛教為理念

園區未來將以「人間佛教」的理念為主軸，將構築成不同功能區域。

◆**覺風佛教藝術學院區：宗教情操的培養與深入經藏的智慧學習。**

包括大殿，為法會、共修的禮拜空間；講堂為講經說法、佛教藝術、文化的專題課程使用；教室提供讀書會與研討等空間。

◆**覺風佛教藝術禪堂區：心靈與色身的休憩與充電。**

包括禪堂，是禪修空間；陳列館為佛教藝術文化創作區；齋堂提供齋食、輕食；以及戶外雕塑公園。

我們的近程目標是：將持續三十多年來舉辦的佛教核心專題講座與活動，並以佛教藝術課程活動與展覽會回饋廣大眾生，也將逐漸委託專業團隊協助運作，加強年輕人及各階層的參與，以期長久的永續經營。遠程目標則為實踐國際雕塑公園，及為北投當地陶瓷的故鄉，籌建陶瓷雕塑文化記憶館，作為當地保存特色產業之源、歷史研究之據。

真心祝願，北投覺風園區在與諸位善信的護持與支持，以及安藤忠雄大師的規劃設計下——印度石窟的古典藝術風格與佛法互相輝映，將來成為臺灣地區推展佛法、推廣佛教藝術文化的殿堂。

感恩三寶，出家以來，我始終無悔前行，一如初衷地，心心念念的冀望提供眾生「覺」之場域，而如「風」行於菩提大道。我將怡然的繼續前行……

國家圖書館出版品預行編目（CIP）資料

無悔前行：佛教藝術瀫積者釋寬謙口述史／釋寬謙口述；侯坤宏、林桶法訪問.
-- 初版. -- 新北市：臺灣商務, 2020.11
312 面；17×23 公分

ISBN 978-957-05-3291-3（平裝）

1.釋寬謙 2.佛教傳記

229.63 109015633

人文

無悔前行

佛教藝術瀫積者釋寬謙口述史

口　　述—釋寬謙
訪　　問—侯坤宏、林桶法
綜合策劃—釋法玄
文字整理—詹月現、蘇美賢、蔡錦美、吳文琦

發 行 人—王春申
選書顧問—林桶法、陳建守
總 編 輯—張曉蕊
責任編輯—何宣儀
特約編輯—葛晶瑩
封面設計—綠貝殼資訊有限公司
內頁設計—黃淑華

營業組長—王建棠
影音組長—謝宜華
行　　銷—蔣汶耕
出版發行—臺灣商務印書館股份有限公司
23141 新北市新店區民權路 108-3 號 5 樓（同門市地址）
電話：（02）8667-3712　傳真：（02）8667-3709
讀者服務專線：0800056196
郵撥：0000165-1
E-mail：ecptw@cptw.com.tw
網路書店網址：www.cptw.com.tw
Facebook：facebook.com.tw/ecptw

局版北市業字第 993 號
初　　版：2020 年 11 月
初版 3.5刷：2023 年 9 月
印刷廠：沈氏藝術印刷股份有限公司
定價：新台幣 430 元

法律顧問—何一芃律師事務所